"DEVIA TER UNS 8 ANOS. VIU PENDURADOS NO BANHEIRO DA SUA MÃE UMA CALCINHA E UM SUTIÃ. [...] EXAMINOU A INTRICADA ARMAÇÃO DE ALÇAS, PRESILHAS, ELÁSTICOS E UM FECHO. QUE SOFISTICADA OBRA DE ENGENHARIA É O SUTIÃ, PENSOU. FEZ DELE UM ESTILINGUE."

# MARCELO RUBENS PAIVA

## CRÔNICAS

### PARA LER NA ESCOLA

*3ª reimpressão*

OBJETIVA

Copyright © 2010 by Marcelo Rubens Paiva

*Grafia atualizada segundo o Acordo
Ortográfico da Língua Portuguesa de 1990,
que entrou em vigor no Brasil em 2009.*

*Capa e projeto gráfico*
Crama Design Estratégico

*Imagem de capa*
Flávio Colker

*Coordenação editorial*
Isa Pessôa

*Produção editorial*
Maryanne Linz
Daniela Duarte

*Produção gráfica*
Marcelo Xavier

*Revisão*
Rita Godoy
Rodrigo Rosa
Cláudia Moreira

CIP-Brasil. Catalogação-na-fonte
Sindicato Nacional dos Editores de Livros, RJ

P169s
    Paiva, Marcelo Rubens
        Marcelo Rubens Paiva: crônicas para ler na
escola / Marcelo Rubens Paiva; [seleção Regina
Zilberman]. – 1ª ed. – Rio de Janeiro : Objetiva,
2011.

      188p.
      ISBN 978-85-390-0231-3

      1. Paiva, Marcelo Rubens, 1959-. 2.
Crônica brasileira. I. Zilberman, Regina, 1948-. I.
Título.

11-0758                  CDD: 869.98
                       CDU: 821.134.3(81)-8

[2016]
Todos os direitos desta edição reservados à
EDITORA SCHWARCZ S.A.
Praça Floriano, 19 — Sala 3001
20031-050 — Rio de Janeiro — RJ
Telefone: (21) 3993-7510
www.objetiva.com.br

# MARCELO RUBENS PAIVA

## CRÔNICAS
### PARA LER NA ESCOLA

SELEÇÃO REGINA ZILBERMAN

# Sumário

Apresentação, 9

Desculpe, morri, 15

Pra que complicar?, 19

O tio e a gravidade, 25

O pretenso filósofo, 31

Amor platônico, 35

O namoro, 39

Saco cheio!, 43

Eu não acho nada, 47

A nossa história, 51

O cachorro abajur, 53

O do contra, 57

DR, 61

Automatic Inflatable Confirmator, 63

A vilã das vilãs, 67

2106, 71

Abraço ou beijo?, 75

Inércia, 79

Marcelo ama resto, 83

O inadequado, 87

Tipos que invejamos, 91

Tipos que não invejamos, 95

Por que não?, 99

O fascinante mundo das mulheres, 103

O chato, 107

O vendedor de pinguins, 111

Os inimigos da festa, 115

O mal-entendido, 117

Segundo clichê, 121

Grandes e tolas invenções da humanidade, 125

O individualista, 129

O começo do fim, 133

Acontece que..., 137

Caros generais, almirantes e brigadeiros, 141

O abraço, 145

Rixa entre torcidas vence guerra, 149

A memória fica, 151

Ser rico, 155

Jogar botão, 157

Vou largar tudo para tocar pandeiro no Titãs, 159

O inventor das borboletas, 161

Praça dos protestos vira palco de Tim Maia, 165

Paguei por brincar com o que não tem graça, 167

Linchem o ministro, boicotem o vestibular!, 169

Vamos cobrar impostos de quem produz drogas, 171

Fãs nº 1 não batem bem da cabeça, 173

O mundo desconhece os homens do sertão, 175

Às vezes o melhor é ficar no alambrado, 177

Amazônia, tucunarés e literatura, 179

Hora da sobremesa, 181

Ser deficiente é privilégio de ser diferente, 183

# Apresentação

## O CRONISTA E O LEITOR

Marcelo Rubens Paiva é o conhecido autor de *Feliz Ano Velho*, de 1982, em que relata o acidente que, em 1979, o deixou paraplégico. O livro pode ser considerado autobiográfico, já que os fatos expostos foram vividos pelo autor, e o narrador, que se chama Marcelo, emprega a primeira pessoa para falar de seu passado e de seus sentimentos íntimos. De outra parte, *Feliz Ano Velho* é igualmente ficção, pois o leitor não tem meios de saber se o que é apresentado efetivamente ocorreu ao rapaz que, com 20 anos, precisou aceitar aos poucos sua condição de indivíduo com necessidades especiais.

Eis uma marca característica da obra de Marcelo Rubens Paiva, razão por que também aparece em suas crônicas. A primeira delas, "Desculpe, morri", ilustra essa propriedade: um leitor não identificado telefona, à noite, para Marcelo; procura, de imediato, mostrar-se íntimo do escritor, chamando-o por Cariri, seu apelido na cidade de Santos; por fim, comprova que leu *Feliz Ano Velho*, já que cita passagens da obra e menciona personagens que pertencem a seu enredo.

Assim, é o Marcelo cronista que atende a esse leitor bem informado sobre seu livro; por outro lado, pode tratar-se de um Marcelo de mentira, que inventa o diálogo que acompanhamos, negando a impressão inicial de que o telefonema efetivamente aconteceu. Afinal, o livro referido na crônica intitula-se *Feliz Ano Passado*, e o escritor confessa que substituiu o nome das personagens. Além disso, não evidencia muita paciência para com esse leitor intruso, que busca a colaboração do autor para redigir seu trabalho de conclusão de curso e que se revolta ao receber um "não" como resposta.

Se o leitor é fictício, também o autor pode ser fruto da imaginação, o que nos deixa inteiramente no plano da fantasia. Mas também pode dar-se o contrário: o escritor Marcelo Rubens Paiva não aprecia telefonemas de pessoas que invadem sua privacidade, fazem perguntas indiscretas, querem obter vantagens e, ainda por cima, revelam-se intolerantes, quando não são acolhidas suas expectativas oportunistas.

É nessa oscilação entre imaginação e fato, entre fantasia e realidade, entre criação e reprodução de acontecimentos, que se constroem as crônicas de Marcelo Rubens Paiva. Graças a esse modo de exposição, o leitor é levado a se reconhecer na maioria das histórias. Afinal, quem de nós não se deparou com a necessidade de produzir um trabalho escolar sobre um autor vivo e optou por um contato direto com o artista, visando cortar caminho e facilitar o cumprimento da tarefa?

Percorra as crônicas e veja se muito do que Marcelo apresenta como tendo acontecido com ele não foi vivido, de modo bastante similar, por você mesmo. Vale a pena lembrar algumas delas: em "O namoro", o cronista elenca maneiras de iniciar uma relação amorosa, chamando a atenção para as armadilhas a serem evitadas, assim como as dúvidas e hesitações por que passam os apaixonados. Você provavelmente já experimentou algum desses momentos, e nem sempre soube interpretar correta ou conscientemente seus sinais. É no texto de Marcelo que você encontra as alternativas, saídas ou modos de solucionar as dificuldades, aproximando o discurso do escritor da intimidade do leitor. Em "O começo do fim", o cronista examina a outra ponta da questão, diagnosticando as atitudes que podem determinar o fim de uma relação. Em "O mal-entendido", o narrador conta como foi acabar em uma cerimônia de casamento para a qual não tinha sido convidado, por ter errado o endereço em que se realizaria o evento de que deveria participar.

Quem já não se encontrou em alguma dessas situações, reconhecendo-se assim em algum ponto do texto que lê?

É a mescla entre imaginação e realidade que particulariza a obra de Marcelo Rubens Paiva, de que as crônicas a seguir representam uma bela mostra. Essa propriedade dos textos é muito importante, porque nos deixa muito à vontade, quando os lemos: é como se a gente conversasse com um amigo de longo tempo, enfim reencontrado.

Mas as crônicas de Marcelo ainda oferecem ao leitor outras qualidades e outras satisfações.

A primeira delas tem a ver com os recursos narrativos empregados. Um deles é a facilidade com que o narrador constrói os diálogos. Volte para a crônica "Desculpe, morri", que abre esta seleção e foi citada antes. Há uma única interferência do narrador, na frase inicial; segue-se depois o diálogo entre duas pessoas, uma delas, o escritor, denominado Marcelo e apelidado Cariri, a outra sendo o leitor, anônimo. Daquele, recebemos várias informações – escreveu um livro sobre seu passado, em que apareceram namoradas e enfermeiras, familiares e colegas, mágoas e alegrias; mas, sobre o leitor, temos poucos dados, apenas que se trata de um estudante estressado que resolve atalhar o caminho, ao procurar o próprio escritor para produzir seu trabalho final de curso. Esses elementos resultam unicamente da conversa entre os dois, sem qualquer comentário ou complementação por parte do narrador, o que confere grande agilidade ao texto.

Aparentemente é muito fácil chegar a esse resultado, mas essa impressão é equivocada: fácil é ler o texto, mas é bastante difícil produzi-lo, pois o cronista precisa conter a propensão a rechear os diálogos com opiniões (seu parecer sobre esse leitor, à primeira vista inconveniente, que telefona à noite e não aceita as razões de seu interlocutor, que se nega a fornecer as dicas esperadas) e notas adicionais (a descrição das pessoas que conversam, o ambiente, o tempo em que a ação transcorre). Além disso, ele precisa confiar em seu leitor real, que terá de completar as lacunas, porque o texto não fará sentido, se não souber que o Marcelo que responde é o mesmo que escreveu *Feliz Ano Velho*, cujo pai foi torturado e morto pela ditadura militar, que precisou suplantar as sequelas do acidente sofrido, que produziu romances e peças de teatro, e assim por diante.

Marcelo, da sua parte, confia no seu leitor, e isso é muito bom para nós, já que nos compete uma tarefa decisiva – a de preencher o papel que o escritor nos destina. Por isso, ele nos brinda com outra qualidade e outro prazer: o humor.

Sob esse aspecto, podemos dividir as crônicas em pelo menos dois grupos: as engraçadas e as sérias. É ao primeiro grupo que pertencem os textos mencionados, como os que falam dos problemas vividos pelos namorados quando começam ou terminam um relacionamento. "DR", no seu sintético título e 22 linhas, é tudo isso que se afirmou até agora: o diálogo travado por um casal é curto, mas completo – a prometida conversa entre os dois namorados não vai acontecer, sintoma de que a relação amorosa agoniza. O tema é profundo, mas o tratamento faz-se pelo viés do humor, já que o leitor é levado a se divertir com o que pode ser problemático para o par de amantes em questão. E isso que não recebemos muitas informações sobre as duas personagens da crônica: se são jovens ou velhos, estão casados ou não, quais são seus nomes etc. O que importa é que o escritor atinge o âmago do problema, apresenta-o como se fosse uma pequena cena doméstica, dá o recado inteiro e ainda nos faz rir das complicações alheias.

Assim, mesmo as crônicas engraçadas são sérias. Mas há aquelas que são só sérias, com o intuito de fazer o leitor refletir sobre o mundo contemporâneo. Algumas, é claro, fazem-nos meditar sobre a atualidade, valendo-se do aspecto cômico: "Automatic Inflatable Confirmator", por exemplo, diz respeito a uma engenhoca que tira seu proprietário das situações mais constrangedoras, como a dos políticos acusados de corruptos e que precisam achar um jeito de negar seus atos criminosos ou a dos maridos apanhados em pleno delito de adultério.

Outras, porém, têm como fito conscientizar o leitor, e não brincam em serviço. "Caros generais, almirantes e brigadeiros" posiciona-se, em alto e bom som, contra a anistia a ser concedida aos torturadores durante o período da ditadura militar; "Paguei por brincar com o que não tem graça" questiona nossa atitude acomodada, nem sempre suficientemente comprometida com as crianças de rua e o menor abandonado; "Praça dos protestos vira palco de Tim Maia" refere-se à degradação dos cenários urbanos, identificando o que se passou com a Praça da Sé, de São Paulo, lugar de reivindicações políticas na primeira metade da década de 80, do século XX, e, hoje, espaço tomado pela violência e pela criminalidade.

O interessante a propósito das crônicas que chamamos "sérias" é que os temas são abordados a partir da experiência particular do cronista. Marcelo reivindica o julgamento dos torturadores, porque seu pai foi assassinado nos porões da polícia política; chama a atenção para nosso comportamento às vezes irresponsável diante da infância abandonada, porque, como narra na crônica citada, ele mesmo não agiu como deveria, quando uma menina parecia pedir-lhe esmola; e exige ser tratado de modo igualitário, em "Ser deficiente é privilégio de ser diferente", porque deixa clara para o leitor sua situação de paraplégico, não de deficiente físico ou vítima.

É sob esse aspecto que Marcelo, nas crônicas, mostra-se fiel ao modo de escrever e criar que o consagrou desde *Feliz Ano Velho*, seu primeiro livro: o autor, como todo artista, inventa e fantasia; mas não abandona o universo de sua experiência, o que transforma sua obra em uma forma de autobiografia. Por mais ficcional que seja, é o indivíduo Marcelo que está na nossa frente, com o qual dialogamos, que se mostra responsável pelos acontecimentos e que nos transforma em sujeitos privilegiados, porque é conosco que ele conversa e é diante de nós que se desnuda.

*Regina Zilberman*

# Desculpe, morri

Atendo o telefone e:

"Boa noite, é... Marcelo?"

"Quem é?"

"É você?"

"Quem está falando?"

"Puxa, que bom, eu precisava tanto falar com você, não imagina o trabalhão que deu pra descolar o seu..."

"Quer falar com quem?"

"Com você mesmo, Cariri."

"Cariri?"

"Não era o teu apelido em Santos?"

"Como você sabe?"

"Pesquisei. Apelido louco. Por que te deram esse apelido?"

"Olha, o que você quer?"

"Sou estudante e estou fazendo um trabalho."

"Como você descolou o meu telefone?"

"Desculpe, Cariri. A pessoa que me deu pediu para não ser identificada. Você é uma figurinha difícil de achar, hein? Marcelão, Marcelão... Como vão as coisas?"

"Indo."

"O seu Corinthians, hein?"

"Meu e de muita gente."

"E a Ana?"

"Ana?"

"A do livro."

"Que livro?"

"Como 'que livro'? O seu livro!"

"Qual deles?"

"Tem mais que um?"

"Tem alguns."

"Caramba! Estou falando do primeiro. Tinha a Ana, que namorava você na época da ditadura."

"Ah. Não se chamava Ana. Nunca mais vi."

"Puxa, mas vocês eram tão..."

"Ligados? Mas isso faz tempo, era ditadura ainda. Éramos adolescentes."

"E a galera toda?"

"Qual?"

"A do livro?"

"Sei lá. Faz décadas isso."

"A Bianca, a Gorda?"

"Cara, estes nomes são inventados. Cada um foi para o seu lado. O mundo gira, a caravana passa."

"Que caravana?"

"Deixa pra lá."

"Pô, você é doidão, mesmo. Quanto tempo você levou pra escrever?"

"O quê?"

"Como o quê? O Feliz Ano Passado?"

"Ah... Levei um ano."

"Pô, e você ficou uma fera com aquela enfermeira. Meu, rolei de rir naquela parte. Marcelão, que figura. A gente tem que se conhecer, cara, temos muitas coisas em comum."

"Sério?"

"Com certeza, pô, posso falar? Este livro marcou uma época, tá ligado? Tipo assim, marcou uma geração, certo?"

"Ouvi dizer."

"Então, como vão as coisas?"

"Indo."

"Pô, conta mais."

"É que estou jantando."

"Ah... Olha só. Eu preciso te entrevistar, cara. Pro meu trabalho de TCC, tá ligado? Trabalho de Conclusão de Curso."

"Tô ligado."

"Aí, vamos marcar?"

"Cara, não fica chateado, mas é a quinta pessoa que liga nessa semana pedindo, e não vai dar. Fim de ano, é sempre assim, um monte de estudantes liga, e tenho minha rotina, eu trabalho muito, não é pessoal, vê se me entende."

"Ah, não vai dizer que vai regular?"

"Cara, é muita gente, não dá pra atender todos..."

"São só umas 25 perguntinhas."

"Só?"

"Sobre a sua carreira, seus livros, as influências, a ditadura, o seu pai, tortura, desaparecidos, esses lances, a condição dos deficientes, os jovens no mundo de hoje, a diferença entre os jovens da sua época e os de agora, fala do Renato Russo, você era amigo dele, não era? Será só imaginação, me amarro, cara, será que vamos conseguir vencer, será que é tudo isso em vão, você conheceu o Cazuza? Como era, tipo assim, o ambiente naquela época das passeatas dos estudantes? Nós vimos o filme do Cazuza e debatemos na escola a aids e os anos 80, cara, aí, você fala da importância dos livros para os jovens, de como fazer os jovens lerem mais, compara a geração cara-pintada com a da antiglobalização, Fórum Social, falta bandeiras, certo? O Protocolo de Kioto tá aí! Viu os furacões? Os americanos têm que assinar, tá ligado? Pô, deu na seca aqui da Amazônia. Posso mandar as perguntas por e-mail, a gente fala dessa crise aí do PT, você tá acompanhando, não tá? Você ainda curte política? Mó decepção..."

"Cara, não vai dar."

"Pô, Cariri, você me pareceu um cara legal pelos seus livros."

"Olha, quando eu estudava, fiz um trabalho enorme sobre lógica aristotélica. Aí, liguei pra Grécia, pra falar com o Aristóteles? Não. Tive que me virar."

"Que que tem a ver, cara?! Tu é doidão mesmo, aí, ó! Tu fala grego, maluco?!"

"Fiz um trabalho sobre Kafka na escola. Nunca pensei em ligar pra casa dele em Praga."

"Por que não?"

"Porque ele morreu em 1924! O Machado de Assis também morreu. Ninguém na escola ligaria pra casa dele na hora do almoço ou jantar pra perguntar se Capitu era fiel ou não!"

"Calma aí, meu. Nem tinha telefone naquela época."

"Olha, vai à sua biblioteca ou use a internet. Não precisa entrevistar o autor para fazer trabalhos. Descobre você."

"Quer dizer que depois da fama tu ficou convencido. Desculpe aí, cara, foi mal. Nunca mais leio um livro seu. Aí, ó, sabe quem morreu pra você? Eu. Tá se achando, Cariri?!"

# Pra que complicar?

"Perfeitamente, senhor diretor. O mercado que decide o que deve ser exibido. Transferiu-se para a iniciativa privada a responsabilidade de patrocinar a cultura. Oferecem-se leis de fomento, uma forma de democratizar as artes, profissionalizar o meio, não favorecer nenhum grupo com pistolões. Sua empresa, senhor, pode investir em marketing cultural. Dá visibilidade à sua marca, e ainda descontam-se impostos."

"Que moleza! Confesso que não entendo nada desse negócio de artes. Terão que me ajudar."

"Recebemos e avaliamos inúmeros projetos em nosso departamento. Só precisamos da aprovação final."

"Estou ansiosíssimo. Qual projeto vocês indicam, qual?"

"Uma peça de teatro de Shakespeare."

"Gênio! Não entendo nada, mas minha filha adora teatro. Como é a história?"

"É sobre um príncipe, presidente."

"Uma história de amor?"

"Não exatamente. É sobre um príncipe que se veste de preto e é atormentado pelo fantasma do pai."

"Onde fica o reino?"

"Na Dinamarca."

"Onde?"

"Na Dinamarca."

"Tem uma princesa?"

"Tem uma prima."

"Uma prima?"

"De 17 anos."

"De menor?"

"Que se mata."

"Caramba!"

"O fantasma do pai fala pro filho que o tio o matou para se casar com a sua mãe."

"Que canalha! E é verdade?"

"É o que o príncipe precisa descobrir. Ele bola uma peça."

"Que peça?"

"De teatro."

"Outra?"

"Exatamente: uma peça dentro de uma peça."

"Do Shakespeare também?"

"Claro. E a verdade é descoberta."

"Final feliz!"

"Não, o príncipe morre. Muitos morrem."

"Não podemos mudar o final?"

"Infelizmente, não."

"Como é o nome da peça?"

"Hamlet."

"Ah, sei."

"Hamlet no dicionário quer dizer vilarejo, povoado..."

"Mas não é sobre um reino?"

"Podre, senhor, muito podre."

"Deu pra notar. Tem outro projeto?"

"Temos um livro, senhor, uma nova tradução. Um clássico."

"De um brasileiro?"

"Não, senhor, é uma... tradução. Kafka."

"Gênio!"

"Graças ao agente dele, conhecemos o seu trabalho."

"Por quê?"

"Kafka não era reconhecido quando estava vivo. Até pediu para queimar tudo."

"Se nem o cara gostava dos seus livros, por que vamos traduzir? Como é a história?"

"Um sujeito acorda de manhã e descobre que se transformou numa barata."

"Numa o quê?"

"É uma metáfora, senhor."

"Onde se passa a história, num ralo?"

"No quarto dele, ele não sai do quarto, porque, afinal... virou uma... é, uma barata e não quer assustar as pessoas."

"E ele desvira?"

"Não. Ele continua barata."

"Se ao menos ele tivesse virado uma borboleta, uma joaninha..."

"Melhor esquecer. Ele tem outro livro, bem interessante. Sobre um sujeito que é processado."

"Por que ele é processado?"

"Ele não sabe."

"Mas o leitor sabe?"

"Não."

"É um processo criminal, civil, trabalhista?"

"Temos outro projeto. A edição comemorativa de um romance do Guimarães Rosa que até virou uma minissérie de TV."

"Gênio!"

"Cujo primeiro livro, um de poesias, foi premiado pela Academia Brasileira de Letras."

"Que livro?"

"Magma."

"Não conheço."

"Ele proibiu a sua publicação."

"Outro?"

"Mas foi publicado."

"Sem ele saber?"

"Bem depois... Mas o romance é sensacional."

"Como é a história?"

"É uma narrativa circular, com novas expressões e uma pontuação ousada."

"Resume."

"Um jagunço conhece outro jagunço que quer vingar a morte da família e acaba se envolvendo, quase, bem, é isso, apaixonando-se."

"É para o público gay?"

"São jagunços, senhor, do sertão de Minas Gerais. São homens violentos."

"Não são gays?"

"É difícil explicar."

"Eles ficam juntos no final?"

"Não. O outro morre, e só no final o jagunço descobre que o outro era na verdade uma mulher."

"Ele nunca tinha desconfiado?"

"Tinha. Mas... O cara, quer dizer, ela disfarçava direitinho. Incrível. Na minissérie, a Bruna Lombardi fazia o jagunço-mulher."

"Quem fazia o outro, o Ray Charles?"

"Temos também a peça *Esperando Godot*. Dois caras. Beckett."

"Gênio! Esta é gay? O Godot quem é? Ele chega? Quando ele chega?"

"Ele não chega."

"Dá pra mudar isso?"

Balançam a cabeça negativamente.

"Será que seu departamento não pode me sugerir um filme com a dupla Sandy e Júnior, por exemplo? Minha mulher adora. Ou uma história de amor entre Angélica e Luciano Huck. Pra que complicar?"

# O tio e a gravidade

"Por que tem luzinhas no céu, são estrelas?"

"Cada luzinha que brilha é uma estrela."

"Mas o que é uma estrela?"

"Uma bola de fogo grande, que nem o sol."

"Se são grandes, por que parecem pequenininhas?"

"Porque estão longe. Olha aquele cara gordo correndo lá no lago. Não parece pequenininho? Mas é maior que você. É enorme. Um monstro."

"Entendi. Se são grandes, por que não caem lá do céu?"

"Tem a gravidade."

"Tem?"

"É."

Ela volta a comer a sua pipoca colorida. Não dá dez segundos, e, lógico, pergunta, com a boca cheia.

"Tio, o que é gravidade?"

"Eu sabia que você ia perguntar."

Ela ri, tímida.

"Como você sabia?"

"Intuição."

"O quê?"

"Nada. Adivinhei."

"Eu também adivinho muita coisa."

"Eu também."

"É. Adivinha no que tô pensando agora."

Ela abaixa as sobrancelhas, aperta os olhinhos, faz um bico e o encara firme.

"Adoro quando você faz essa carinha."

Ela sorri e faz de novo. Ele faz uma careta pra ela. Ela faz outra pra ele, que faz outra mais exagerada. Ela abre a boca, coloca a língua pra fora com pipoca mastigada. Ele faz cara de nojo. Ela ri e engasga. Ele bate nas costas dela. Ela tosse. Continua a dar tapinhas nas costas dela, até ela parar.

"Bebe a Coca."

Ela o olha com os olhinhos lacrimejados e vermelhos, enfia o canudinho na boca e bebe tudo num gole só. Suspira aliviada, com gosto. E sorri. Ele aproveita, dá um gole no uísque da garrafinha de bolso e acende um cigarro.

"Éca, que nojo!"

Ela abana a fumaça e faz uma extravagante cara de nojo.

"Por que você fuma?"

"Porque eu gosto."

"Mas fede."

"Você também é fedida."

"Não sou, não."

"É sim."

"Não sou."

"É."

"Você que é fedido."

"Você que é."

"É você."

"É você."

"É você."

"É você."

Ficaram nesse jogo até ele terminar o cigarro, encaixá-lo entre o dedão e o indicador, pressionar e jogar a bituca na grama, longe. Ela olha a bituca acesa na ponta voar como um cometa até se espatifar no gramado e espalhar minúsculas brasas ao redor. E exclama:

"Uau! Como você faz isso?"

"Muito treino."

"Faz de novo."

"Teria que acender outro cigarro."

"Acende."

"Não quero fumar agora."

"Mas você disse que gosta."

"Quer outra Coca?"

"Não."

"Quer mais pipoca?"

"Não."

"Quer saber o que é gravidade?"

"Não."

"Mas você queria antes."

"Não quero mais."

"Quer um beijo?"

"Não."

"Quer um sopro na bochecha?"

Ela ri:

"Quero."

Ele se inclina, enche os pulmões com ar, encosta a boca na bochechinha dela e assopra, urrando como um peido alto. Ela gargalha. Adora quando ele faz isso e pede outro. Ele dá outro beijo assoprado, urrando como um urso. E faz cócegas nela, que se contorce toda, rola pelo banco. E gargalha de novo. Ele para, e ela pede:

"Faz de novo."

"Não."

"Faz de novo."

"Já disse, não."

Ela se senta na mesma posição de antes e faz uma cara emburrada. Ele bebe o seu uísque da garrafinha particular. Ficam ambos emburrados. Ela, porque não fez de novo. Ele, porque a vida não o favorece.

"Tá com sono?"

"Não."

"Mas tá ficando tarde."

"Não."

"Não quer ir embora?"

"Não."

"Quer saber o que é gravidade?"

"Não."

"Você só sabe falar não?"

"Não."

Ela ri. E o olha. Pergunta o que ele teme:

"O que que é gravidade?"

"Por que quer saber?"

"Porque quero saber."

"Por que pergunta sobre tudo?"

"Porque sou curiosinha."

"E chatinha."

"Sou nada."

"É sim."

Ela de novo mostra a língua. Sem pipoca colorida nela.

"Saco! Gravidade é uma coisa difícil de explicar. É uma força invisível que atrai os corpos. Por exemplo, se eu jogo o cigarro, ele cai, porque a gravidade da Terra puxa a bituca pra ela. Se a gente pula, a gente volta, porque a gravidade não deixa a gente sair voando. Só se tivermos motores fortes, potentes, como um foguete."

Olha, dá uma bicada no uísque e se surpreende: ela está superatenta.

"A Lua gira em torno da Terra por causa da gravidade, se não, ela sairia voando. A Terra gira em torno do Sol. Os planetas giram em torno do Sol, que não deixa escaparem. Tem as galáxias. Tudo se atrai. Fica conectado. Assim por diante. Sacou?"

Ela demonstra não ter entendido muito.

"É como um ímã. Uma cordinha invisível que segura as coisas. Um elástico. É difícil explicar. Quando você crescer, você vai entender."

"Eu não quero crescer."

"Por quê?"

"Porque gosto de ser criança."

"Você é feliz?"

"Hum-hum", afirma com a cabecinha.

"Pois sinto lhe informar, mocinha, que todo mundo cresce, vira adulto e depois morre."

Se arrepende no ato desta frase mal colocada e apocalíptica. Ela continua pensativa. Por que desconta nela angústias pessoais? Bebe.

"Você não gosta de criança, né?"

"Gosto sim. Adoro você. Amo você. É a minha sobrinha querida."

"Então por que não tem filhinhos?"

Bebe mais.

"Porque não sou mais casado."

"Mas já foi."

"Mas não tivemos filhos."

"Mas podia."

"Mas não rolou."

"Por que você não quis?"

"É difícil explicar."

"Que nem a gravidade?"

"Mais ou menos."

"Você é triste?"

Não consegue responder. Ela coloca a mão no rosto dele e faz um carinho.

"Eu posso ser sua filhinha de vez em quando."

"Pra quê?"

"Pra te deixar contente."

"Você me deixa contente."

"Jura?"

Ele não responde. Mata o uísque. Ela se deita com a cabecinha no colo dele e diz:

"Eu também amo você."

"Tá com sono?"

"Tô."

Ele joga com força a garrafinha no lago, assustando os patos, que batem as asas se afastando. Se levanta, acende outro cigarro e diz:

"Bora."

# O pretenso filósofo
## [baseado em história real]

**Ano em que prestei o** primeiro vestibular, 1977. Eu deveria escolher a carreira no formulário da Fuvest, consciente de que o pequeno xis seria determinante para o resto da vida. Que importância dão a um mísero rabisco...

Como sempre fui bom em matemática, frequentei as aulas de Exatas. Mas minhas opções eram conflitantes: engenharia agrícola, seguindo uma tradição e pressão familiar, jornalismo e filosofia. Já tinha desistido de ser bombeiro, caminhoneiro e jogador de futebol anos antes.

Alguém vive de filosofia, sustenta a família, leva os filhos à Disney? Para a decepção da professora de filosofia, Malu Montoro, que lia para a classe meus trabalhos de lógica aristotélica e fazia a minha cabeça para me tornar um exótico colega, escolhi engenharia.

Mesmo ciente de que matemática e filosofia nasceram juntas, os primeiros filósofos, Tales de Mileto e Pitágoras, eram matemáticos, sendo que o segundo chegou a definir o mundo como uma sequência numérica; para ele, os números explicavam tudo.

Me descreveu a amiga filósofa: "Os filósofos estão na sua maioria sempre se arrastando existencialmente, eles sofrem de depressão ontológica e sofrem também de estresse metafísico."

Me identifiquei completamente. Ou confundia minhas aspirações com as crises existenciais da adolescência? Fora que eu não tinha barba nem túnicas para ingressar nessa carreira delirante.

Fui para a Unicamp estudar engenharia. Estudar fora é a melhor maneira de sair de casa e ainda ser financiado para romper o cordão.

Minha primeira morada foi numa pensão perto da ferroviária. Eu dividia o quarto com dois colegas do colégio, Cassiano, da antropologia, e Zequinha, físico-filósofo.

Passávamos as noites discutindo a origem das coisas, debruçados sobre Heráclito, o grego que inverteu a filosofia e afirmou que "tudo é um", e os opostos são iguais.

Zequinha tretou com a dona da pensão. Filósofos enlouquecem até donas de pensão. Num surto, ela ameaçou botar fogo no sobrado, jogou querosene na escada, acendeu um fósforo e nos avisou aos gritos que, se não saíssemos em minutos, viraríamos cinzas. Voamos com nossas trouxas, livros e enigmas e nos mudamos para a pensão ao lado.

Nos primeiros meses, dormimos num quarto com seis beliches. A pensão era completa — café da manhã e jantar inclusos. Quem servia era a filha do dono, uma moça de roupas e unhas negras, olhar agudo e sedutor de uma existencialista francesa, que ilustrou minhas fantasias.

A pensão só tinha um banheiro. E uma fila matinal nele. Quantas vezes não tomei banho no tanque do quintal, sob o frio campinense? Enfiava as pernas, depois os braços, depois a cabeça, vigiado pela garota de unhas negras, que me aguardava cantando, para lavar as roupas de cama.

No beliche ao lado, dormia um pedreiro que reformava o prédio da química do campus.

Nunca trocamos mais do que duas palavras: "bom dia." Descíamos juntos as ladeiras do centro. No entanto, eu ficava no ponto de carona. Ele pegava o busão. Interessante como a divisão de classes cria rituais próprios, que aumentam a distância entre elas.

Calma. Não tinha virado um filósofo marxista. Procurava ainda desvendar os textos de 2.500 anos antes e entender os pré-socráticos, escrevendo cadernos e cadernos com pensamentos filosóficos, me exibindo para a misteriosa garota de unhas negras, ignorando os livros de Cálculo Diferencial e Resistência dos Materiais.

Em algumas tardes, eu encontrava o pedreiro trabalhando com seus colegas, já que a lanchonete da Química era a única cujo PF vinha com ovo. Nos cumprimentávamos educadamente. Ele já não usava a roupa de antes, mas um macacão sujo de tinta; que provavelmente a existencialista não lavava.

À noite, ele já dormia pesado, quando eu entrava confuso pelos paradoxos de Zenão — e enciumado, pois as mãos com unhas negras tiravam os pratos e desprezavam as minhas.

Engenharia, como as existencialistas, era um fardo. Comecei, como Parmênides, a desenvolver minha veia poética. Escrevi letras de música. Tocava violão até amanhecer, no quarto do subsolo, onde moravam dois peruanos bolsistas da Unicamp, Miguel e Manuel, que contrabandeavam prata, cocaína e vendiam badulaques que confeccionavam em feiras hippies do interior do estado.

Cheguei a ir com eles a algumas feiras. E tocava minhas músicas, de poncho peruano e com a boina no chão, para ganhar os primeiros trocados com meus pensamentos inconcludentes.

Acabei me mudando para o quarto dos peruanos com Cassiano, que também aprendia violão e virou parceiro.

Havia alguns pontos de carona na saída da cidade. Às vezes, esperávamos horas. Com sorte, em poucos minutos, parava alguém.

Um caronista, eu sabia, precisava desenvolver conversas, pois quem dá carona quer papear até o destino. Como um sofista, aprendem-se os mais diversos assuntos. Atormentei muitos motoristas com paradoxos e discussões sobre a origem do Universo.

Certa vez, parou um carro importado, chique, com ar-condicionado. Me dei bem, pensei. Era um senhor de idade. Provavelmente, um dos professores estrelas da universidade. Perguntei o que ele fazia, assim que engatou a primeira. "Sou filósofo", respondeu. Fiquei mudo, perplexo e encantado pela ousadia. Invejei-o.

Desisti da engenharia agrícola no final do terceiro ano. Depois de conhecer a "vaca rolha" da ESALQ, tradicional escola de agronomia de Piracicaba; uma vaca com um buraco no estômago, tapado por uma rolha do tamanho de um prato de sopa, para termos acesso direto ao aparelho digestivo da pobrezinha e medirmos, com o uso de microscópios, a ração que era digerida e a sobra.

Assim, em nossas fazendas, com nossas pickups, esposas loiras e saradas, cheias de joias, jeans apertados, botas até o joelho e chapéu country, nos perguntando se compramos ingressos para o imperdível show de Bruno & Marrone, distinguimos com exatidão aquilo que é digerido daquilo que é prejuízo.

E ouvi a voz: "Vai, Marcelo, ser gauche na vida."

# Amor platônico
[baseado em história real]

Lucila tinha cabelos encaracolados. Era sorridente e mais baixa do que o normal. Desde que a conheci, no primário em São Paulo, fiquei apaixonado. Pensava nela quando subia na jabuticabeira de casa, para observar o suicídio das frutas maduras que se atiravam aleatoriamente dos galhos, enquanto minhas irmãs corriam pelo quintal.

Havia um canto debaixo da escada da garagem. Era o meu canto. Por que adoramos tocas?

Meu pai decidiu se mudar para o Rio de Janeiro. Quando me comunicaram a notícia, sofri antecipadamente de saudades. Lucila... Como seria a minha vida sem ela? Que desgraça! A primeira coisa em que pensei foi fugir de casa, para marcar posição e o meu protesto.

Fui corrompido pela oferta de uma enorme festa só minha. Toda a escola seria convidada. Lucila então conheceria minha casa, minha árvore, meu canto. Correria pelo quintal. Brincaríamos.

Apareceu uma multidão. A casa parecia uma quermesse. Teve palhaço e mágico. Eu nem sabia que tinha tantos amigos. A maioria eu não conhecia. Era difícil se locomover entre tanta gente. Não encontrava a minha amada. Me lembro que, num certo momento, me escondi na garagem, sufocado, estressado.

E ela apareceu para se despedir, com aquele cabelo dourado cacheado, como molas. Lucila era a fim de mim também, eu tinha certeza. Ficamos juntos conversando. Toda a escola respeitou nossa privacidade. Nos demos as mãos e fomos ver outro número do palhaço. Passamos o resto do dia grudados. Foi uma única vez em que demos vazão para o nosso amor.

Se eu não tivesse que me mudar, eu sabia, seríamos o casal mais feliz da cidade, eu, com 6 anos, e ela, com 5. Como a vida atrapalha histórias de amor... Que lição meu pai me dava, ao me amputar a paixão.

Vivi no Rio com saudades. Pensava, sonhava, imaginava. Lucila. Lá, reencontrei meu melhor amigo, Eduardo, outro paulista exilado. Estudamos na mesma classe. Edu já estava enturmado, o que me ajudou no convívio. Ele também tinha irmãs. Tinha diálogo com as cariocas.

Ficamos amigos de Roberta e Isabel, duas morenas amadas por toda a escola.

Nas aulas, dividíamos as mesas com elas. Eu com Roberta, ele com Isabel, conhecida como Isaboa. Ou vice-versa. Passávamos os recreios com elas, para a inveja coletiva. Nas aulas de música, tocávamos triângulo, elas, coco. Ou vice-versa. Ficávamos juntos, fora do ritmo, tocando uma outra música, só nossa.

Havia um obstáculo para o desenvolvimento de paixões. As duas eram maiores do que eu. Se não me engano, Roberta era a mais alta de todas. Para um moleque, é um entrave que afugenta o amor. Especialmente aos 8 anos.

Apesar de toda a escola achar que namorávamos as duas, era pura amizade. E eu não me esquecia de Lucila e seus cachos malucos. Um dia, eu iria reencontrá-la.

Até passar para o ginasial, mudar de prédio, recepcionar novas turmas e conhecer Carla, loirinha enigmática, linda como a vista do recreio, o Pão de Açúcar. Do meu tamanho. Nutri por ela uma paixão secreta. Quando ela passava, minhas pernas tremiam. A timidez era na mesma proporção que a minha admiração. Nunca ouviu a minha voz. Puro amor platônico.

A maioria de nós compreendia o que significava o amor platônico e já vivera o seu, idealizara uma garota e sofrera por causa de uma timidez revoltante. Apesar de a maioria não ter ideia de quem foi Platão, nem de que seu amor foi definido na Renascença, baseado nos diálogos do filósofo, que apontavam que o amor mistura fantasia e realidade pelo ser perfeito, e a essência desse amor é a idealização. O amor platônico é comparado a um amor a distância, sem envolvimento e contato, que os inseguros alimentam especialmente na adolescência.

Carla despertava o amor platônico em todo o Colégio Andrews. Para nos confundir, ela era filha do nosso maior ídolo, Carlos Niemeyer, do Canal 100, telejornal que revolucionou a linguagem, era exibido antes dos filmes, e terminava com imagens em câmera lenta, com câmeras na beira dos gramados, de lances do último clássico de futebol, sob uma trilha sonora marcante. Queríamos Carla e conviver com a sua família, sermos convidados para ver os jogos de perto e termos em mãos aquele acervo.

A ditadura apertou o cerco. Edu se exilou em Londres. Me mandava cartas perguntando de futebol e Carla. Eu mentia. Dizia que estávamos namorando. Que ficávamos na casa dela nos pegando, apesar dos 11 anos de idade.

Meu pai foi preso e morto naquele ano. Me fechei. Meu olhar ficou triste, como o de um cachorro molhado. Muitos passaram a me evitar. Afinal, eu era filho de um terrorista que atrapalhava o desenvolvimento do país, aprendiam com alguns pais, professores, liam na imprensa, viam nos telejornais.

Ficava muito tempo sozinho no banco da escola. Aos poucos amigos, eu tentava explicar que meu pai não era bandido. A maioria não tinha ideia do que se passava nos porões. A censura e o milagre brasileiro cegavam.

No meio do ano, minha família foi obrigada a sair do Rio. Na festa de São João, comuniquei a mudança. Muitos vieram se despedir. Eu estava numa barraquinha comprando doces, quando Carla se aproximou, para se despedir. Minhas pernas tremeram, como sempre. Fiquei sem ar. Ela disse o meu nome, Marrrcelo, com aquele sotaque carioca delicioso. Me beijou. "Você vai embora, Marrrcelo?" Eu não disse nada. Mais um amor era deixado pra trás. E por instantes perdoei o meu pai por não ter se exilado, como a maioria, para salvar a pele.

Reencontrei Lucila no colégio, na volta para São Paulo. Não tinha mais os cachos. Continuava encantada. Relembramos o passado. Para ela, eu também representava o primeiro namorado.

Fui gentil. Mas havia uma baixinha do meu ano, misteriosa, secreta, apaixonante, de poucas palavras e muitos fãs. Que nem sabia da minha existência e nunca reparou nos meus olhos tristes.

Reencontrei Carla no ano passado. Aliás, coincidentemente, na Livraria Argumento, do meu amigo Eduardo. Ela se apresentou. Sabia das cartas, em que eu mentia sobre o nosso amor. Não sabia que era tão idolatrada assim. Rimos das maluquices platônicas. São os cometas da memória.

# O namoro

**Começar um namoro pode estressar** mais do que terminá--lo. Há um número infindável de códigos a serem aprendidos. Situações novas e inusitadas lembram um campo minado.

É preciso buscar a rota certa, caso não se deseje colidir com o blindado das defesas humanas. Afinal, para entrar na vida de alguém, que provavelmente teve um sem-número de encontros e relações fracassadas, é necessário pular etapas, garantir a defesa na retaguarda, cavar trincheiras, esperar o momento certo do ataque, priorizando o bombardeio das defesas inimigas, digo, da pessoa amada, cortando o seu sistema de comunicação, as linhas de suprimentos, estabelecer postos de observação e garantir uma ponte para o desembarque da tropa.

Sim, começar um namoro é uma guerra. Por isso, o estresse.

1) Você achava que ia ficar para sempre deslocado, não aguentava mais ir sozinho aos sábados à noite a cinemas, nem o olhar de reprovação de todos que o cercam, da família aos porteiros. Desenterraram o sapo. Você está saindo com uma pessoa. Fofa. Desencalhou. Quando se decide

que começou o namoro, já no primeiro beijo? Só depois de uma semana saindo juntos? Só depois de passarem um findi numa pousada bucólica "carbon free"? Mas aí não é "ficar"?

2) Se ele ou ela tem fama de quem não para muito tempo numa relação, você ainda assim considerará aquelas primeiras saídas um namoro? Mas tem certeza de que não é "ficar"? É ponderada a qualidade ou quantidade de tempo, para classificar a relação como "namoro"? Se é o tempo que indica, é a partir de um mês? Dois?

3) Você beija já no primeiro encontro? Pega à força ou vai desabando cuidadosamente a cabeça, até quase que acidentalmente seus lábios se cruzarem no meio do caminho? Sua jornada começa pela bochecha e só depois escorrega para a boca? Começa pelo pescoço? Pela orelha? Não sossegará enquanto não ganhar um beijo de boca? Enquanto ela fala da peça de teatro que mudou a vida dela, você presta atenção ou só pensa em qual será o momento ideal do beijo na boca?

4) No primeiro beijo de boca, já há envolvimento de línguas, ou somente os lábios se apresentam? Há primeiro uma bicota, e depois afasta-se o rosto, olham-se nos olhos, para a confirmação de que há consenso no ato simbólico de representação da atração? Caso os olhares aprovem a atitude intempestiva das bocas, volta-se a beijar ou antes palavras são pronunciadas, tipo "gosto de você"? Mas aí não é ficar?

5) No primeiro dia já se fala "gosto de você"? Ou "curto você"? Fala "te quero"? Mas aí não é muito "bolero"?

6) Nas primeiras semanas, como você apresenta a pessoa fofa com quem você está saindo: "minha amiga", "minha parceira", "minha mina", "minha chegada", "minha ficante", "meu caso", "meu nheco-nheco"? Quando você finalmente assume e apresenta exprimindo pela primeira vez a sentença "conhece a minha namorada"? Você pergunta para a sua namorada fofa, antes de falar a frase "conhece a minha namorada", se ela já é a sua namorada?

7) Você afinal sabe a diferença entre ficar e namorar?

8) Quanto tempo de namoro é preciso para falar "adoro você"? Quanto tempo de namoro é preciso para falar "amo você"? Quanto tempo de namoro é preciso para se falar você é a mulher (ou homem) da minha vida?

9) Quanto tempo de namoro é preciso para falar "você foi muito mais importante do que todas as outras, que não prestavam, que eram frias e infelizes"?

10) Quanto tempo de namoro é preciso para revelar a senha do e-mail?

11) E a da caixa postal do celular?

12) E a do banco?

13) Em qual data se decide o começo do namoro, no dia em que saíram com a turma, no dia em que se viram pela primeira vez, mas não rolou, no dia em que saíram, mas quase rolou, no dia em que deram o primeiro beijo na boca, no dia em que saíram só os dois ou no dia em que não saíram, e ficaram em casa comendo queijo importado, chocolate importado e assistindo a um DVD importado?

14) Só concordará em namorar a pessoa depois de todos os seus amigos aprovarem? Toda a família? Incluindo os porteiros?

15) Você é daqueles que, quando começa a namorar, muda o número de celular, o e-mail e reconfigura o computador, apagando aqueles videozinhos secretos, por exemplo? Muda a foto do site de relacionamento, trocando-a por uma com ela abraçada? Muda o status: relacionamento sério?

16) Você torce para encontrar a ex ou é daqueles que ficam sem graça quando são obrigados a cruzar com o motivo de dois anos de insônia? E se a sua ex, bêbada, chega junto, cola em você numa festa, você anuncia, com deleite "querida, agora não dá, estou namorando"?

17) E quando você começa a frequentar o botequim pé-sujo, que a namorada fofa frequenta? Como reagir àqueles amigos íntimos

que a abraçam como se estivessem para cair? E você decora os nomes dos garçons, íntimos dela, ou conta para ela que há outros 70 mil estabelecimentos visitados pela Vigilância Sanitária com habite-se, alvará e uísque não paraguaio melhor do que aquele?

18) E quando você a leva para conhecer a sua lanchonete preferida, aquela de garçonetes lindas, universitárias, que fizeram a peça que mudou a vida dela (eram as estátuas gregas) e o cumprimentam com abraços e beijos, chamando-o de "coisa fofa" e reclamando que você está sumido?

19) O que você faz se o cachorro enciumado da dita-cuja não for com a sua cara? Quando ela vai ao banheiro, você leva uma conversa de homem para cão com o animal que não para de rosnar e mostrar os dentes? Continua a fazer carinhos ou desiste de conquistá-lo? E se, na hora de namorar, ele sobe no sofá e se deita entre você e a amada, o namoro termina ali? Não? Mesmo se, depois de uma semana, aparecer uma micose enorme no seu peito?

20) E se ela for à sua casa, e você descobrir que a nheco-nheco tem alergia a gatos, sendo que você tem um casal. Joga-os pela janela ou pede para ela se sentar, pois vocês têm que conversar?

21) Você pagou a primeira conta da lanchonete. Afinal, você queria se mostrar para ela. Pagou a segunda, a das garçonetes elenco fixo da peça que mudou a vida dela. Quando é o momento, durante o namoro, de anunciar "bora rachar"?

# Saco cheio!

Existe a tal semana do saco cheio, ou melhor, Semana do Saco Cheio, isso, com maiúsculas, como devem vir as datas, feriados, festas populares, eventos históricos (Carnaval, Natal, Sete de Setembro, Páscoa), já que se celebra a semana em que não se celebra nem comemora nada.

Não houve decreto. Nenhum vereador aprovou. É extraoficial. Apenas foi instituído por alguém, já há um bom tempo, que nesta semana de outubro, que contém o, este sim, feriado do dia 12 de Outubro, oficial e decretado, seria A Semana do Saco Cheio, efeméride cheia de particulares: trata-se apenas de umas férias curtas inventadas por alunos e professores do ensino público e privado.

Não, metalúrgicos, servidores públicos, contínuos, porteiros, entregadores de pizza, comissários de bordo, contadores, escriturários, patrulheiros rodoviários, barmen, gráficos, químicos e profissionais liberais que prestam serviço não celebram neste mês de outubro A Semana do Saco Cheio, a não ser que trabalhem para o mundo escolar.

Crônicas para ler na escola 43

E por que o saco já está cheio, se nem há pouco mais de dois meses estavam todos em férias? E haja pressa: daqui a pouco mais de dois meses, estarão todos novamente em férias. Não dá pra esperar?

Não. Exatamente no intervalo e momento equidistante entre duas férias, inventou-se a semana citada. Seu inventor foi matemático. Mas injusto. Estudar ou promover a educação enche tanto o saco assim?

Há em outros países A Semana do Saco Cheio, como The Pain in the Ass Week? Já que nós, brasileiros, instituímos A Semana do Saco Cheio, poderíamos sofisticar e criar outras.

A Semana do Saco Cheio do Síndico. Seria aquela semana em que você diz tudo o que gostaria de dizer ao seu síndico, mas, por educação e medo de retaliação, não diz.

A Semana de Mandar Seu Chefe pra Casa do Chapéu deveria ser instituída logo depois dos dissídios das categorias sindicalizadas ou não terem sido acertados pelas duas partes. Seria uma semana valiosa para todas as empresas, já que acertos nasceriam diante da verdade dita.

O problema seria a tensão da semana posterior: "Desculpe, eu não queria dizer aquilo, foi só pra comemorar a semana..."

Poderia ter A Semana do Saco Cheio de Ser Brasileiro Com Muito Orgulho. Todos passaríamos a detestar futebol, falar em francês e, na padoca, diríamos: "Bonjour, monsieur, une café, s'il vous plaît."

Poderia haver A Semana do Saco Cheio da Vida Privada de Celebridades, uma semana em que revistas de famosos não falariam de ricos e famosos, mas de como distribuir a renda, diminuir a desigualdade social, integrar a cultura da periferia e difundir o rap.

Aliás, taí: poderia haver A Semana das Rimas, em que todos falariam como cantores de hip-hop ou poetas parnasianos. Ou A Semana do Saco Cheio de Vou Estar Passando, a semana em que telefonistas e operadores de telemarketing diriam, enfim: "Vou passar a sua ligação, transferir, escutar o seu pedido, falar corretamente."

Poderia haver A Semana da Inversão, aquela em que quem tem dá pra quem não tem, e quem não tem vive como quem tem. O problema seria determinar aos que não têm quando a semana termina.

Na Semana da Inversão, judeus poderiam rezar ajoelhados a Meca, muçulmanos leriam em sinagogas a Torá, evangélicos poderiam adorar Xangô, e os padres, liberados para namorar à beça. Mas esta seria a Semana do Saco Cheio de Tabus.

Melhor seria A Semana de Gritar Pela Janela que Estou de Saco Cheio de Dois Pontos. Eu gritaria: "Dá pra proibirem esses sinos orientais que badalam ao vento em varandas?! Eu não relaxo coisa nenhuma com este barulho!"

Chato mesmo é aquele que celebra A Semana do Saco Cheio de Semana do Saco Cheio e fica na escola sozinho estudando como um doido e praguejando que brasileiro é tudo preguiçoso.

# Eu não acho nada

**Segunda-feira. Ele acordou e, do** nada, como se tivesse desisti-do, decidiu não ter mais opiniões. Sobre nada. Já no café da manhã, não soube responder se o pão estava passado, e o queijo, coalhado. Comeu apenas uma fatia de mamão. E não decidiu entre adoçante ou açúcar. O café desceu amargo.

Ao trabalho. O taxista perguntou se ele preferia pela Marginal ou por dentro, pela Lapa. "Qual caminho o senhor sugere?", perguntou, simulando um contato rotineiro. O helicóptero da rádio informara que a Marginal estava parada, avisou o motorista: "Vamos por dentro?" Ele não respondeu. Não sabia responder. Não achava nada. O taxista repe-tiu: "Pela Lapa?" Nada. Nenhuma resposta. Ele deu a partida, engatou a primeira, foi percorrendo devagar, esperando a decisão do passageiro, que não vinha, e ele mesmo, o taxista, decidiu, pela Lapa, mas sempre alerta, esperando a ordem de desviar para a Marginal, que não veio.

"Sobe ou desce?", escutou. Nenhuma resposta. A ascensorista perguntou o andar. Nada. Ele entrou e ficou no canto, parado. "O andar?", repetiu. Ele gaguejou apenas: "Não sei..." Ela, surpresa, esperou. Até outro passageiro entrar e pedir: "Sobe." E ele foi, subiu. E desceu. Pois não pararam em seu andar. Só quando coincidiu de alguém pedir o seu andar, ele pôde sair do elevador.

Ao entrar no escritório, a secretária logo mandou um: "Bom dia." Ele olhou e: "É? Não sei. Pode ser. É, pode ser. Você acha?" Nem sentou em sua mesa, o telefone tocou. Um instituto de pesquisa. Queriam saber em quem ele votaria no segundo turno.

"Não sei", respondeu.

"Ah... O senhor não se decidiu entre o governo e a oposição?"

"Não sei."

"Vai votar em branco?"

"Acho que não."

"Nulo?"

"Claro que não! Nunca votei nulo!"

"Muito bem, então, o senhor é um indeciso, deixa eu marcar, in-de-ci-so."

"Veja bem, não sou um indeciso, não sou nada, eu não acho nada."

"Mas quem não acha nada é indeciso."

"Não. Indeciso é um cara hesitante."

"Hesitante?"

"É quem ainda tem dúvidas, não escolheu. Eu não vou escolher, nunca, porque não tenho mais opiniões, não acho nada."

"Não? Por quê?"

"Porque não consigo."

"Coitado..."

Ele não conseguiu mais trabalhar. Foi almoçar. Mas pela escada. Evidentemente, não conseguiu escolher a promoção. O fato de não ter mais opiniões dificultava-o de tomar decisões. Ficou minutos diante do balcão. Até colocar todas na bandeja, da promoção 1 àquela mexicana apimentada. Como não sabia por qual começar, comeu só batata frita.

Na volta, a secretária panicou. O telefone não parara. A notícia vazou: descobriram que ele era um homem que não achava nada. Deu a primeira entrevista. Para uma rádio: "Como se sente não tendo opiniões? O que acha de não achar nada?" A secretária apontava para fotógrafos que escalavam o prédio em frente para flagrá-lo sem opiniões. O porteiro avisou que equipes de TVs queriam subir. Naquele dia, não se falou de outra coisa. E ele foi a chamada de muitos telejornais: "Daqui a instantes, um homem afirma não ter opinião sobre nada."

Sua semana foi tumultuada. Revistas de famosos queriam fotografá-lo com o look de quem não tem opinião. Apareceram muitos convites para palestras em departamentos de marketing de grandes empresas. "Mas o que vou dizer, se não tenho nada a dizer, não acho nada?" Era isso que queriam, apontar que havia falhas no sistema, havia um indivíduo que não fora absorvido pela propaganda.

Entidades o criticavam. Foi acusado de mau exemplo à juventude e um estorvo na sociedade de consumo. Mas algumas ONGs ligadas ao movimento antiglobalização passaram a apoiá-lo. Organizaram uma passeata diante de seu escritório. "Pelo direito de não achar nada", gritavam, auxiliados por membros do movimento contra a intolerância sexual, anarquistas, punks, sem-terra, movimento da defesa das florestas e dois bebuns.

Diante de sua janela, ele apareceu. Aplaudiram. Pediram para se pronunciar. Pararam para escutar. Ele gritou: "Melhor vocês apertarem o passo! Acho que vai chover!"

# A nossa história

**No observatório extraterrestre.**

"Aquele é o planeta famoso Terra?"

"Positivo. Bonitinho, né?"

"Como funciona?"

"É dividido em países."

"Países?"

"Estados que têm ou não soberania e governo independente. Naquele ali que está na luneta, enforcaram o herói da Independência, um dentista que não fazia obturações, só tirava os dentes. No outro século é que ela foi proclamada. Pelo imperador chamado Pedro. Depois, a primeira Constituição foi adulterada por um contraditório poder moderador. Logo depois, o libertador foi ser rei em outras bandas."

"Bandas?"

"País. E levou toda a riqueza. Ficou um rei menor de idade. Depois, veio a Proclamação da República, marechais se alternaram no poder. Numa Segunda República, membros da elite de duas regiões se alternaram. Uma Revolução de 30, que era para ser um governo popular, vira uma ditadura."

"Que coisa..."

"Na volta à democracia, o novo presidente coloca um partido de oposição na ilegalidade, o próximo quase não termina o mandato, o terceiro renuncia, o quarto é deposto por um Golpe Militar, e o bicho pega. Só depois de 21 anos, um civil é eleito presidente indiretamente."

"Ufa!"

"Mas é internado um dia antes da posse e morre no dia em que o herói da Independência foi enforcado. Na primeira eleição livre, depois de tanta turbulência, cassam o cara. Na primeira vez em que um trabalhador representante do povo é eleito presidente, pegam um aliado com moeda estrangeira na cueca."

"Caraca, isso é que é azar. Como chamam esses coitados?"

"Povo brasileiro. Observamos há séculos. Não é má fase, não."

"O brasileiro é antes de tudo um tremendo pé-frio."

"Não fala assim. Jogam um bolão."

"Jura?"

# O cachorro abajur
## [baseado em história real]

Durante dois meses, hospedei um cachorro fox terrier de meia-idade, Rex, teimoso como uma mula, dúbio como um tesoureiro de partido, que eu conhecia há muito.

É o cachorro amigo melhor amigo de um amigo que viajara.

Me dou bem com os cachorros dos amigos e dos melhores amigos. Sou daqueles que chegam e recebem festa. Do cão. Porque faço carinhos que os amigos já não têm mais paciência de fazer.

Ofereço pedaços de pizza por debaixo da mesa, tecos de carne em churrascos, pego a bolinha de tênis da boca deles e atiro longe e ainda comando "muito bem" quando devolvem. Sou uma espécie de palhaço de festa.

Faço coisas que os amigos não fazem mais para não estragar a dieta ou mimar em excesso o cão que, depois que eu for embora, continuará atrás de pedaços de pizza, churrascos e bolinhas de tênis.

Rex é um cachorro problemático. Bem, todos devem ser, convivendo conosco. Não se deve confiar em cães. Ou você teria coragem

Crônicas para ler na escola 53

de tirar a bolinha de tênis da boca de Blondie, a cadela pastor alemão do Hitler?

Cachorros vivem a dualidade selva e lar. Uma espécie de Indiana Jones dos animais. E têm personalidades e aspectos definidos à nossa comparação. Classificamos cachorros em curiosos, alegres, reprimidos, obstinados, ciumentos, altruístas, solitários, risonhos, obedientes e bem-educados, marxistas, de direita, niilistas, noveleiros, vaidosos, chatos, irresponsáveis, esquecidos, briguentos, bonitos, gordos, desengonçados, fedorentos, ridículos, estranhos, enjoados, assexuados, tarados, incompetentes, displicentes, burros e geniais.

Muitas características são indicadas pelas raças, efeito de cruzamentos genéticos e históricos: o cão de guarda, o companheiro, o dócil, o bom com crianças, o pastor, o caçador, o farejador, o corredor. São características "fabricadas" de acordo com necessidades culturais e até políticas de uma época. Devem estar em baixa na Europa cães de guarda ou caçadores de raposa. Devem estar em alta farejadores de bombas ou entorpecentes.

Cães entram e saem de moda. Logo, logo, haverá características de tribos mais contemporâneas, o cão gay, house, acid, mauricinho, hip-hop, hiporonga, cinéfilo, cool, conversador, panicado, tarja-preta, deprê, samba de raiz, cachorro cachorra...

A neura de Rex: ele come o próprio rabo devido a um neuroma (um tumor). Seu remédio: gardenal. Não há equivalência humana a esse fenômeno psíquico. Um, porque não temos rabo. A maioria. Mutilar-se é um efeito parecido. Neguinho faz cortes até em cerimônias religiosas. Mas ninguém mastiga e engole partes do corpo. Apenas unhas. Qual é a disposição comportamental do indivíduo-cão que come o próprio rabo?

Rex sofre de depressão. Toma remédio tarja-preta. Ele quer sumir e começa pela ponta. Seu objetivo é comer o rabo e depois o resto. Rex está para o melhor amigo do homem o que Virginia Woolf está para as letras (e Marilyn Manson para a música). Virou desde cedo o cachorro abajur, com aquela aba patética na cabeça, que o impede de fazer o que mais almeja: comer-se. Não queremos que Rex suma da face da Terra.

Rex é o tipo de cachorro que olha pra você nos olhos e sorri. Você fala com ele, e a resposta é um latido. Então, o animal se frustra por não expressar em palavras seus sentimentos, isola-se e se deprime.

Rex não vê televisão com você. Nem a do Senado. Faz festa quando você chega e depois some pela casa, esconde-se, fica perdido em seus tormentos ou em raciocínios labirínticos banais.

Sempre desconfiei que Rex é mais inteligente do que muitos. Homens. Por isso ele se deprime. O físico César Lattes costumava dizer que a descoberta da partícula méson pi, atribuída a ele, fora feita por seu cachorro.

Lattes ficava horas observando-o, enquanto o cão observava um relógio de parede. Não apenas Rex tem uma mente brilhante.

Eu só sabia de uma coisa, quando o hospedei: eu tinha de passear com ele duas vezes por dia. O resto? Havia um saco enorme de ração: seu mensalão.

Um problema: já é trabalhoso pôr a coleira num cão comum, imagine num psicótico hiperativo. Como eu teria que sair com ele à noite, deixava-o já encoleirado. Péssimo. Às vezes, sentia Rex calado demais, quando ia investigar, ele havia se enroscado em algo com a coleira e ficava na posição me esperando.

O bairro deve ter estranhado eu, na cadeira de rodas, e um cão abajur, procurando um lugar para ele cheirar e relaxar. A força que o bicho fazia era de derrubar o Super-Homem. Eu tinha de me concentrar para não ser arrastado por ele.

Descobri que se eu amarrasse bem a coleira na cadeira, ambos sobreviveríamos. No entanto, certa tarde, entrei no elevador, enrolei a coleira na mão e fechei a porta. Sem perceber, Rex não entrara. A sorte é que dei uma olhadinha antes. Imagine se aperto o botão do meu andar...

Eu estaria digitando com apenas uma mão. E seu rabo não seria mais ameaçado pelos dentes nervosos do próprio dono.

# O do contra

"Carla Bruni?"

"Trubufu! Calhau!"

"Fala sério..."

"Se me ligar, digo que sou um monge em retiro e meu francês é péssimo."

"Ela não vai te ligar."

"Quem garante?"

"Ela não vai te ligar."

"Ei! Sou eu o do contra."

"Maria Sharapova?"

"Mocreia!"

"Como é que é?"

"Baranga! Bagulho! Xonga! E ainda urra como um urso quando bate na bola. Já ouviu? Não joga nada."

"Mas e a paralela?"

"É na paralela que você presta atenção?"

"Gisele?"

"A Bündchen? Xô! Que pergunta... Magrela sem-sal. Anda toda torta, como aquelas pessoas no farol vendendo canetas. Dá-lhe umas muletas."

"É uma gata!"

"Uma coisa patética."

"Luana?"

"Nem sei quem é."

"Penélope Cruz?"

"Credo! Muda, vai."

"Samba jazz?"

"Que chatice!"

"Como é que é?"

"Agora, só se fala nisso?!"

"Não gosta?"

"Música de frases feitas."

"Frases feitas?"

"E dois acordes! Tô fora!"

"Seu Jorge?"

"Detesto. Mala, chatinho, com músicas chatinhas. E faz propaganda de cerveja. Que mala!"

"Tá bombado no mundo."

"Problema dele."

"Zeca Pagodinho?"

"Outro. Fez a mesma propaganda. Agora, todos fazem propaganda de cerveja. Até aquele cantor do Rappa, mala metido a preocupado com a injustiça social. São os malas mais malas."

"Você não está exagerando?"

"Aquele Carlinhos Brown também fez a mesma propaganda. Mas esse é mala unânime. Qual é? Malas, todos! Tudo mudou, reparou? Antigamente, artista não fazia propaganda. Ainda mais de cerveja. Artista era artista, defendia uma causa nobre, morria na dureza, mas não entregava o maior bem, a inspiração, a liberdade de criação, não se vendiam. Noel Rosa fez propaganda de xarope? E Cartola, de ótica? Olha, esse comentário dá até samba."

"Ivete Sangalo?"

"Logo quem... Desengonçada!"

"Que grosseria..."

"Você perguntou. Faz propaganda da outra cerveja e de carro, telefone, sandálias, sei lá. A mina é um outdoor dançante."

"Mas e a música?"

"E gritar 'levantou a poeira' é lá música?"

"Ronaldinho Gaúcho?"

"Perna de pau."

"Fenômeno?"

"Desengonçado."

"Kaká?"

"Bambi."

"Cidade de Deus?"

"O filme? Fora de foco, descontínuo, sem pé nem cabeça, com um monte de ator ruim, que nem era profissional, como esse tal de Seu Jorge, que mala..."

"Nelson Rodrigues?"

"Machista."

"Machado de Assis?"

"Racista."

"Lima Barreto?"

"Caso de hospício."

"Mário de Andrade?"

"Outro. E homofóbico."

"Oswald?"

"Comuna!"

"Plínio Marcos?"

"Analfabeto."

"Paulo Autran?"

"Canastrão."

"Fernanda Montenegro?"

"Sem voz, sem voz..."

"Respeito!"

"Você quem provoca."

"Você não pode estar falando a sério."

"Não?"

"Glauber?"

"Direitista!"

"Os Sertões?"

"Chatinho. Tentou ler?"

"Grande Sertão: Veredas?"

"Não entendi nada. Tô fora!"

"Os serviços telefônicos de atendimento ao cliente?"

"Perfeitos. Bem-treinados e educados."

"Mas no Procon..."

"Malas, malas."

"O uso do gerúndio das atendentes?"

"Um charme, não acha?"

"George Bush?"

"Grande estadista!"

"O filho?"

"Ambos!"

"A Guerra no Iraque?"

"O mundo não está melhor sem Saddam?"

"Puxa, mas você é do contra, mesmo."

"Não sou, não!"

# DR

"Amor..."

"Oi?"

"Fala comigo."

"Fala..."

"Amorzinho?"

"Quê?"

"Presta atenção."

"Tô prestando."

"Amor, para de ler."

"Agora?"

"Conversa comigo."

"Mas é que estou embalado."

"Só um pouquinho."

"Bem no meio..."

"Toda vez é a mesma coisa."

"O que foi?"

"Quando eu quero conversar, você começa a ler."

"Não é o contrário, quando começo a ler, você quer conversar?"

"Chega! Agora tô mandando. Converse comigo."

"Tá, tá... Então, sobre o que você quer conversar?"

Pausa.

"O que você está lendo?"

# Automatic Inflatable Confirmator

Se você fala, fala, mas as pessoas não acreditam, se você chega no trabalho atrasado, e duvidam de suas desculpas, se sua mulher desconfia de tudo, ou sua namorada acha você um galinha que não diz a verdade, seus problemas acabaram.

Chegou o Automatic Inflatable Confirmator. Se você é um político brasileiro e seus problemas são credibilidade, CPI ou cassação por falta de decoro parlamentar, esqueça o velho "nada a declarar" ou o vago "pergunte ao meu advogado". O Automatic Inflatable Confirmator é um amigo inflável que prontamente confirmará o que você diz.

Veja como é fácil. Basta levar o Automatic Inflatable Confirmator nessa moderna, elegante e discreta maleta de couro legítimo. Quando você se sentir acuado, não souber responder ou achar que sua desculpa não colou, basta inflá-lo, com essa bomba de ar inteiramente grátis, e o Automatic Inflatable Confirmator ficará ao seu lado e confirmará suas declarações.

Ligue agora para um de nossos operadores. O Automatic Confirmator é feito de material dos astronautas da Nasa. O Automatic Inflatable

Confirmator responderá sempre "é verdade" quando você inventar sua desculpa. Ligue agora e peça o seu. É fácil de usar.

E se você for pego pelas câmeras do *Fantástico* cobrando propina do governador de seu Estado? Não precisa apelar, proibir a notícia de ser veiculada pela retransmissora local. Basta aparecer em público com o seu Automatic Inflatable Confirmator e anunciar: "Não sou eu quem aparece na fita. Eu estava em coma num hospital paraguaio." E nosso produto com som digital de última geração dirá: "É verdade."

"Eu estava tranquilo na sede dos Correios, fazendo o meu trabalho, que era comprar computadores só de uma empresa pelo dobro do preço e repassar a sobra para o caixa dois do partido do meu padrinho. Tudo ocorria muito bem, quando algum invejoso decidiu arrumar uma arapuca, me gravou, e agora propõem uma CPI. Até um amigo me falar do Automatic Inflatable Confirmator. Fui à Comissão de Justiça com a maleta e, enquanto deputados pediram questão de ordem, inflei-o. Eu disse, em linguagem de sinais, que era impossível eu ser corrupto e aparecer nas fitas da *Veja*, porque sou uma pessoa com necessidades especiais, isto é, sou mudo. Meu Confirmator falou tantas vezes 'é verdade', que me liberaram da investigação. Hoje, recuperei a minha voz, a minha estima e ganhei a presidência de uma estatal no Acre. Graças ao Confirmator, minha vida melhorou, o País saiu ganhando, e o partido continua sólido e na base aliada."

O segredo do Automatic Inflatable Confirmator é que ele é tão convincente que faz do nosso produto um campeão de vendas. Ligue agora. Não perca tempo. Peça já o seu Automatic Inflatable Confirmator.

"Meu marido chegou em casa e me pegou na cama com o meu professor de ioga. Enquanto ele buscava o revólver no carro, inflei o Automatic Inflatable Confirmator, que confirmou que, na verdade, aquilo não era sexo, era uma postura de ashtanga chamada 'taga-taga', traduzindo, abelha-chupa-mel-do-lírio. O Confirmator foi tão convincente, que, hoje, meu marido faz ioga com meu professor e sempre encerra a sequência perguntando quando vai rolar o 'taga-taga'."

"É maravilhoso. Você precisava ver a cara do Confirmator. Como pude desconfiar que minha mulher me traía? Agora, somos mais felizes e saudáveis."

Jogue fora as velhas desculpas. Tenha o amigo dos seus sonhos. Dispense os caros advogados. Com o Automatic Inflatable Confirmator, você pode chegar aos postos mais altos. Veja o caso de um humilde deputado federal. No início, ele era confundido com o chefe da corrupção dos Correios. Mas, depois de adquirir nosso Automatic Inflatable Confirmator, sua vida mudou.

"Tudo muito simples, eu sou honesto, mas para garantir a governabilidade e tranquilidade das instituições democráticas comprei um Confirmator. Passaram a me respeitar, emagreci, sou um outro homem. Veja bem, até o presidente me defendeu. E continuo líder do partido mais fiel da balança."

Ligue já e peça o seu. Mas ligue agora. Faça o seu pedido. Se você ligar agora, receberá além do Confirmator essa maleta de couro legítimo grátis, a bomba de inflar e, atenção, enviaremos também o kit de conversão completo. Nele, virá a chave que converte o Automatic Confirmator em Automatic Negator, que servirá como testemunha de defesa em inquéritos do Ministério Público ou investigações da Polícia Federal. Veja como funciona o Negator.

"É dele a conta na Suíça?"

"Não, senhor."

"É ele na fita do *Fantástico* pedindo propina?"

"Não, senhor."

Atenção. Na compra de um Confirmator, você leva grátis a maleta, a bomba, o kit conversor para o Negator e também para o Perguntator. Isso mesmo. Pelo preço do Confirmator, seu Inflatable virá também com os sistemas Negator e Perguntator. Basta mudar a configuração durante a operação. Em segundos. Mas ligue agora. Fale conosco. Compra 100% segura. O melhor sistema três-em-um do mercado. Veja como funciona o Perguntator.

"Como é o esquema?"

"Qual esquema?"

"O que dá mais rendimentos?"

"Que rendimentos?"

"Se tu quisé entrá no de Rondônia, é propina, certo? Do governador, pra aprovar as obra do cara sem fazê pergunta."

"Que Rondônia?"

"Não é da nossa conta. São 50 mil por mês, diretamente do governador. Se tu quisé um investimento seguro, tamo com a licitação dos Correio, tá ligado?"

"Que licitação?"

"Quem é você?"

"Quem sou eu?"

Confira a promoção especial de Dia dos Namorados. Compre já! Adquirindo o seu Automatic Inflatable Confirmator, você ganha grátis uma maleta, uma bomba de inflar e o kit conversor para o Automatic Negator e Perguntator. Mas ligue agora!

# A vilã das vilãs

**Caro senhor diretor de programação.** Ouvi a chamada da sua novela das 8, que estreou na segunda-feira: "Uma história de paixões e desafios. A personagem em busca de seus sonhos. Tem coisas que só o tempo consegue apagar. Uma história com que você sempre sonhou."

Vou ser honesto com o senhor, o texto não quer dizer absolutamente nada, e o chato é que ficou a semana repetindo, repetindo. Então, pensei em outras frases: "O tempo não para, num clima de paixão sem limites. Uma história de encontros e desencontros. Em busca de desafios. Uma aventura para entender a condição humana. Emoção atrás de emoção."

Aí, liguei para a sua emissora. Aí, a telefonista me deixou esperando horas. Aí, tive uma ideia sensacional para a próxima novela das 8. Me disseram que isso se chama sinopse. Não sou profissional. Mas desde que me entendo por gente (será que alguém se entende por planta ou paralelepípedo?), gosto de TV, passo horas em frente dela. Meu apelido de pequeno era Aba, pois diziam que eu estava para a TV como a aba, para o abajur.

Minha novela se chama *Estar Passando*. A vilã, Patrícia Castro, é uma dessas atendentes que nunca passam a ligação, mais cruel que Nazaré, mais mau-caráter que Laura, mais sem noção que Maria de Fátima. Será a vilã de todas as vilãs.

Patrícia Castro, quando criança, apanhava dos pais diariamente, que pegavam o telefone e davam na cabeça dela. A avó era aleijada e repetia, apontando a bengala: "Deixa que eu bato! Deixa que eu bato!" O pai, conhecido como Maluco Beleza, depois se elege vereador de São Paulo com o slogan "sempre cabe mais um". A mãe vira apresentadora de programa de fofocas da TV. A avó é flagrada, numa armação do avô, no colo de Chico Buarque. Que família...

Na escola, Patrícia só dizia uma frase: "Trin-trin, nenê tá chamando." A professora dava com o celular tijolão da época da estatal na cabeça dela, porque atrapalhava a tabuada. Ela era apaixonada por Gegê, um gago de nascença (reparei que toda novela tem que ter uns deficientes), que se casa depois com a filha do português que compra a estatal de telefonia (para a novela passar nos dois países, certo?). Sim, aí é o núcleo dos ricos, que fica debatendo se o buquê do merlot é melhor que o do pinot (discussão da moda). E, lá pelas tantas, ó, alguém mata alguém, certo? Um rico, claro, porque quando matam pobre não dá ibope. E tem um monte de funcionário da telefônica que é de pai trocado. E tem que ter, tipo assim, uma mensagem de cidadania: a discriminação que sofrem as pessoas que têm celular sem câmera. E do prédio da companhia tem um monte de pôr do sol. Tem a atendente bacana, Joana, que tem uma amiga gay, lógico. E por quem Gegê, apesar de estar casado com a filha do portuga, se apaixona. É, pela gay! Tô fugindo.

Patrícia Castro foi enviada a um convento. Começou atendendo o telefone lá. Mas levava telefonada das freiras, porque não passava as ligações, já que panicava com o toque do PABX. Ela fugiu, fez curso de atendente para superar o trauma, foi trabalhar num banco e ligava para os clientes vendendo cartão de crédito. Só a xingavam, batiam o telefone na sua cara. Até ela trabalhar numa firma que presta serviços à companhia telefônica do portuga. Sua vingança se desenha. Ela leva à loucura todo o elenco, dos ricos aos pobres (incluindo aquela atriz que só está lá porque é filha do autor ou namorada do diretor), deixando as pessoas esperando na linha, obrigando-as a ditar o endereço residencial, comercial, a data de nascimento, o tipo sanguíneo e os números da identidade, CIC, dependentes e argentinos no Corinthians. Quando eram grossos, ela apenas esticava o indicador com unhas vermelhas de maléfica-de-novela e deletava o número do cliente, que virava "este número de telefone não existe" ou "fora da área de cobertura".

Caso queira usar minha ideia, contatar por este e-mail, pois meu celular foi desligado por uma verdadeira Patrícia Castro, telefonista folgada de um 0800 verdadeiro de uma companhia que o Procon afirma ser a campeã em reclamações, certo?

# 2106

**Janete, querida. Estamos aqui em** férias na Europa, com a luz de Júpiter, lindo e exuberante como sempre, esparramada pelo céu. Sabia que ele também tem anéis? Io acaba de nascer bem na nossa janela. "A lua Europa, que orbita Júpiter, é ideal para mergulho, patinação e esqui", leio aqui no folheto do hotel flutuante. Ela é coberta por uma camada de gelo de quilômetros de espessura. Embaixo da camada, tem um oceano de água fresquinha e morna, que dá pra mergulhar, porque "a intensa atividade geológica libera calor".

O Riovaldo tá rindo aqui, porque sempre que viajamos de férias leio os folhetos dos hotéis. E decoro as informações mais importantes. Devo ser a única. Ano que vem, pretendemos ir pra Titã, lua de Saturno. Deve ser lindo um pôr do sol em Titã, com aqueles anéis gigantescos riscando o céu. Ou seria pôr do planeta?

E você, quais são as novidades? Conta, como anda a Terra? Deve estar meio parada, com o petróleo no fim. Rarará. Não gostou da piadinha?

Já te falei, querida, você podia morar conosco em Marte. Viu como melhoramos de vida? Podemos abrir outro salão juntas. Franquia. Todo mundo precisa de manicure em Marte. Aquela poeira gruda nas unhas que é uma coisa. Você precisa de qualidade de vida, querida, esse negócio de morar em Campos do Jordão, só porque as geleiras e os polos estão se derretendo e o nível dos oceanos está subindo, é uó. Ouvimos dizer que ela chegou em Cubatão. A água do mar. E que lá no Rio barracos da Rocinha e do Vidigal estão valendo milhões.

Sei que é difícil conseguir visto pra morar em Marte. Mas existem esquemas alternativos. Evite os foguetes do Irã. Chacoalham muito e não são confiáveis. Querida, aproveite agora que o PCC anexou a Bolívia, pegue um trem em Presidente Marcola, ex-Presidente Bernardes, até Cochabamba. É aquele trem bala-perdida que corre ao lado do cocaduto. Não tem fiscalização. Quem se atreveria? Depois, pegue um foguete do CV na Plataforma de Foguetes Espaciais Fernandinho Beira-Mar. Os cocaleiros fazem a guarda. Vá até a Estação Espacial PromoCenter, aquele shopping de contrabando que gira ao redor da Lua, da família chinesa Law Chong, e pegue o primeiro ônibus espacial pra Marte. Na verdade, é uma van espacial. Lotação. Construída pelos coreanos. Do norte. E pilotada por russos. Uns amores.

Em Marte, você fica conosco. Moramos na beira dos canais, perto do Olympus Mons. É lindo. Tem as calotas polares que reluzem. Tem chuva de arenito sulfúrico e gás carbônico todas as tardes. Durante o inverno, o frio é tanto que congela a superfície. São enormes blocos de anidrido e dióxido de carbono sólido. E água! Menina, Marte não é esse desertão que muitos pensam. Tem leitos de rios secos, que pelo menos não são poluídos, como os daí. Mas tem lagos gelados na superfície, gelo subterrâneo e água congelada no subsolo do planeta. Olha, hoje em dia, tem mais água limpa em Marte do que na Terra. Rarará. Você não precisará mais viver com o racionamento de um copo de requeijão de água por semana como aí no Brasil.

A atmosfera marciana é rarefeita de dióxido de carbono com neve carbônica, tempestades de poeira e redemoinhos. Como São Paulo no outono. O céu é amarelo-acastanhado. Exceto durante o nascer e o pôr do sol. Ele fica com uma cor rosa e vermelha. É a poeira. Tem metano na atmosfera. Você vai se sentir num fim de tarde na Marginal do Tietê.

O ano de Marte é quase o dobro do terrestre; cerca de 1 ano e 11 meses. Você nem vai conseguir dizer "puxa, como esse ano passou rápido". E a duração do dia em Marte é de 24 horas, 39 minutos e 35 segundos. Dá pra dormir um pouquinho mais.

Sabe, em Marte não tem esse negócio de fuga ou rebeliões em presídios. Fugir pra onde? E se tiver rebelião, colocam os presos no pátio. Sem traje espacial. Minha amiga, sob o vento e a radiação solar, eles estão fritos! Literalmente. São os únicos presídios em que os presos não fazem a menor questão de uma hora de banho de sol por dia. Rarará.

Querida, vem morar conosco, o ar de Marte está bem menos poluído e ácido do que o de Osasco. Fora que o clima anda ameno, não tem essa variação de quase 40º num dia só. Inverno é inverno, verão é verão. Não é essa loucura aí de Berlim, Paris etc., com 44º na sombra.

Fazemos um puxadinho. O Riovaldo falou que pode comprar uma laje. Chama a Odete também. Para ela fazer depilação no nosso salão. É outro mercado em alta no planeta vermelho. Menina, com a radiação, nascem pelos nem te conto onde. Vem você, a Odete, e pode chamar a Meire. A gente monta um salão com serviço completo. Mas fala pra Meire que em Marte ninguém tinge o cabelo de vermelho. Adivinha por quê...

Ah, sim, e conta quem matou o Sebastião Falcão. E o João Victor é filho de quem, da Laura ou da Márcia? A novela aqui chega atrasada. O delay espacial. Outra pergunta. Disseram aqui que a operação no Fidel foi bem-sucedida. Esse homem ainda está vivo? Então, essa medicina cubana é boa assim, é?

Se você quer qualidade de vida, crescer acima dos 3%, saía daí. Esse planeta aí não tem mais futuro. Era lindo. Eu vi as fotos no museu. Pena que, há 100 anos, ninguém pensou em preservá-lo. E sabe da maior? Marte tem duas luas, Fobos e Deimos. Quando só uma delas está cheia, o salão lota. Imagine quando as duas estiverem. E pra namorar, hummmm...

Então, se animou? Saudade de você. Riovaldo manda beijos. De máscara de mergulho, porque ele pagou o pacote e vai explorar o satélite. Viu o que você está perdendo aí nesse fim de mundo?

# Abraço ou beijo?

**Muita gente idealiza a vida** de escritor. Acha que a grana é fácil e a rotina, sem estresse e com glamour. Basta ficar em casa, com os pés para o alto, e jogar com as palavras e ideias? Vai nessa...

"Estela com 'e' e dois 'eles'?", pergunto com a caneta na mão e a boca seca.

"Com 'esse' e dois 'eles'", ela responde.

Assino "Stella, um beijo, Marcelo", entrego o livro e sorrio. Porque vem a foto. Agora, noites de autógrafos são também sessões de fotos. Um amigo do autografado sempre tem em mãos um celular com câmera. Não bastam as dedicatórias. Não basta a assinatura. Desejam a prova visual.

Mas ele não sabe tirar, ou não consegue focar, ou ligar o flash, ou não gosta da foto e pede para repetir. E novamente preparo o disfarce da felicidade para um sujeito que nunca vi na vida, ao lado de uma leitora empolgada, que me agarra pelo pescoço e me beija, deixando uma marca de batom, enquanto a fila está grande. E penso: vou passar a noite nessa, preciso sorrir, com uma marca de batom ridícula na bochecha, são meus leitores, vivo disso. É o preço, é o preço...

Bebo em noites de autógrafos. É de graça. Vinho, uísque, caipirinha, o que tiver. Nessa, parti pro uísque. E o garçom sumiu. Chama-se Jango. Tem a cara do Mr. Bean. O mais importante é ganhar a simpatia de um garçom. Para ele manter o copo cheio, e a água em estado sólido. Peço para Stella, com 'esse' e dois 'eles', procurar Jango, o garçom com a cara do Mr. Bean, e pedir mais uísque com gelo.

"Um abraço, Marilorde", escrevo. Sim, estou no Nordeste, onde a composição de nomes é criativa. Maria com Lorde. No interior de São Paulo, o uso e abuso do 'dáblio' e 'ipsilone' não têm limites: Wellyngton, Wladyr... Na capital, pedem a dedicatória com nome e sobrenome. No Rio, os autógrafos são para apelidos infantilizados: Baby, Cunca, Birunda.

"Elizabeth com 'zê' e 'tê-agá' no final?"

"É. Puxa. Que bom que você perguntou, todo mundo erra", diz Elizabeth.

São 24 anos de estrada, nega, mais de oito livros, sem contar autógrafos em ruas, bares, cadeias. Rodei. Sempre busco a soletração. Não posso errar o nome de um leitor. Ficará registrado na sua estante. Para os netos confrontarem: "Vô, este escritor é analfabeto, nem sabe escrever seu nome." E existem Raquel e Rachel, Bete e Beth, Luiz e Luis, Teresa e Tereza...

Chega Mr. Bean com meu uísque. Tomo um gole. Vou ficar alegrinho no final, já sei. Minha letra estará desleixada. Comecei tão bem. A caneta é boa, desliza, não é daquelas que falham e deixam Suely com o 'ipsilone' final apagado.

Elizabeth pede para alguém tirar uma foto. Tenho certeza de que ela faz chifrinhos, paranoia que começou quando *Pânico na TV* lançou a campanha Faça Um Chifrinho na Celebridade. Todos que me fotografavam, presumi, colocavam chifrinhos.

Um cara se aproxima. Já fazendo pose pra foto. Não fala nada. De birra, também não falo. Me encara. Aproveito a pausa e bebo. Tem leitor que fica parado, mudo. Como se eu soubesse seu nome. Confundiu a noite de autógrafos: acha que sou Chico Xavier. Então, quebro o gelo.

"O autógrafo é para você?"

"É."

E continua o silêncio.

"E como é o seu nome?"

"Põe aí qualquer coisa."

Já fiz isso, já escrevi "Ao qualquer coisa, um abraço, Marcelo".

"Não prefere que eu coloque o seu nome?"

"Põe aí... Para Hélio, com afeto."

Tem cara que é assim, que especifica a dedicatória.

"Hélio com 'agá' e acento?"

Então, medito sobre a minha incapacidade de criar boas dedicatórias. Para as mulheres, um beijo. Para os homens, um abraço. Eventualmente, alguém pede um autógrafo especial, e dedico: "Um beijo especial." Outra diz que quer algo diferente do da amiga, para quem escrevi "Um beijo especial". Escrevo: "Um beijo diferente."

Já não me angustia a falta de criatividade. São pessoas que nunca vi na vida. No passado, eu jogava com os nomes: "Para Rosa do sorriso colorido..." Nem sei por que querem um rabisco no livro. Logo logo o venderão para um sebo. Como fez minha avó Olga. Na verdade, fizeram. Quando a levaram para a casa de repouso, venderam tudo o que era seu. Encontrei num sebo meu segundo livro, *Blecaute*, primeira edição, rara, autografado "para a minha avó querida..."

Surge aquele amigo, e dá um branco. Surpreendentemente esqueci o nome, apesar do rosto familiar. Ele sorri esperando, como um sádico. Você já foi a um lançamento. As vendedoras escrevem seu nome num papelzinho, porque brancos acontecem. Tem gente que se irrita com as vendedoras: "Ele sabe meu nome!" Não pega o papelzinho. São justamente os que a gente esquece. Eu tenho um truque infalível: "Como é mesmo o seu nome completo?"

Cadê o Jango, fugiu pro Uruguai? Estou ficando alto. A letra cresce. Acho incrível rabiscar na primeira folha de um livro novinho em folha, uma pretensão escrever meu nome com letras grandes, rabiscos exagerados. Quem sou eu, afinal? Eles pagam, me entregam, e estrago com tinta. E ficam felizes com isso. Estou bêbado. Tenho que tomar cuidado, pois é quando mando abraços para as leitoras e beijos para os leitores: "Maurão, beijo, Marcelo." Ou quando começo a autografar com a minha assinatura pessoal. Podem me passar a perna, um contrato em branco, tomarem meus bens. Cadê Jango?

Quando a fila diminui, engato uma conversa com o leitor. Para a fila voltar a crescer. Tática velha. Não vou dar chances para um cara entrar na livraria e ver um escritor numa mesinha com pilhas de livros e três gatos-pingados na fila.

Jânio me serve outra. Aproxima-se a parte enfadonha (por isso, bebo). Porque a galera da intimidade fica pro final. Aquela que fala de meus personagens como se fossem seus melhores amigos. Que conhece de cor meus livros. Que pergunta detalhes da trama e quer me levar pro barzinho. Odeio a palavra barzinho. Eles falam assim: "E aí, já tá doidão, vamos pro barzinho com a gente, aqui só tem careta..." Mas quero mais ir pro meu hotel, jantar e dormir. Sou um careta. Meus personagens que são doidões.

Depois da galera da intimidade, tem a turma da organização, com pilhas de livros e a lista de nomes dos que não puderam comparecer e dos que trabalharam nos bastidores. Graças ao Jânio, a letra sai fácil, o pulso nem dói. E enrolo, pra galera do barzinho, que está na porta, desistir. É fácil ser escritor?

# Inércia

**Existem muitas formas de se** combater a inércia existencial que adoece um indivíduo na metade aproximada da vida, estágio conhecido popularmente como meia-idade. Mudar de profissão? Poucos ousam, pois o risco é grande numa economia de alto risco (de altos e baixos) tal qual a globalizada.

Mudar de cidade, de casa, de família e de ciclo ajudam, mas o tédio pode voltar em maior proporção depois que a novidade se dissipa. Mudar de barbeiro? A marca da maionese, o sapato, a padoca e o carro? Não ajuda, já que não se mudou nada profundamente. Mudar de time? Ousado demais. A mais radical delas. Melhor evitar.

Mulheres mudam o cabelo, o nariz, o peito e a barriga já há décadas. Homens começam a se perguntar se não é um caminho: uma forma de reacender o interesse pela vaidade.

O problema: algumas mulheres entram na clínica com rugas e saem com a orelha engolida e a testa desaparecida. Homens agora se arriscam. A maioria apenas tinge o cabelo, para espantar o grisalhar que aparece como um alerta.

Vestir-se como um garotão não funciona. Ou você acha apropriado um sujeito de bom-senso e na fila do cardiologista usar uma calça larga caída, com a cueca aparecendo na cintura? Mesmo que a cueca fosse Calvin Klein. Boné ainda vai. Esconde a calvície, protege o tiozinho do sereno e dá um ar jovial. Mas se bater um vento, a realidade revelada choca. Perigoso. A melhor e mais barata maneira de rejuvenescer é alterar aquilo que ninguém vê: o cérebro.

Marcondes acordou diferente um dia depois da sua festa de 45 anos. Abriu os olhos e imaginou no teto o gráfico em que a curva das vontades chegara ao topo e decairia com o tempo. Agora, é amadurecer até a morte. Ficou na cama mais tempo do que o normal, imobilizado pela constatação.

Automaticamente, caminhou de costas até o banheiro, refazendo os passos que dera na noite anterior, apoiando com cuidado os pés nas pegadas já apagadas da sua ida à cama. Escovou os dentes da direita pra esquerda, invertendo a escovação habitual.

Caminhou de costas até a copa, para o seu café da manhã. Denise, a mulher, saíra antes. Foi a primeira vez que Diogo e Maria, o casal de filhos gêmeos, pararam de brigar pelo jornal. Surpreenderam-se depois que o pai abriu a geladeira, sentou-se na mesa com o iogurte e disse: "Boa noite, durmam com os anjinhos."

Marcondes começou a ler o jornal de trás para a frente. Lia os artigos do final para o começo. Só depois lia a manchete e exclamava: "Ah, claro..." Evidentemente, Diogo e Maria o imitaram, procurando desvendar a incógnita escondida naquele gesto, e porque acharam que o pai lhes dava uma lição de vida.

No quarto, ele vestira a roupa que usara na noite anterior. E saiu de casa. De costas. Entrou no carro e saiu de ré da garagem. Foi de ré até o trabalho, causando um transtorno pelas ruas do bairro. Ao entrar no elevador, disse: "Obrigado." O ascensorista apertou o andar num gesto mecânico e só depois percebeu que seu conhecido passageiro entrara de costas. No andar do escritório, Marcondes saiu e disse: "Bom dia. Seu time, hein?"

Na mesa, ele atendia o telefone com um "a gente se fala". Refez as tarefas do dia anterior. Almoçou o mesmo prato no mesmo quilo do dia anterior. E no dia seguinte, revisitou os mesmos lugares em que esteve no dia anterior ao anterior. E três dias depois do início da sua extravagância, repetiu tudo o que fizera três dias antes, só que na ordem inversa.

Todos os dias, refez o caminho de volta da sua vida. Só que de táxi, pois cassaram a sua carteira de motorista, depois de multas por andar de ré em vias expressas e movimentadas. Revisitou lugares, reencontrou pessoas, releu livros, como se o tempo abrisse uma pista num espelho, e Marcondes caminhasse nela. De costas.

Muitos problemas surgiram devido à rotina espalhafatosa. Quando Denise chegava com as compras, ele enfiava tudo num carrinho, voltava ao supermercado, colocava na esteira e revendia os produtos. Com o dinheiro na mão, ia até um caixa eletrônico e o devolvia para a máquina, enfiando as cédulas de uma em uma, até a mesma engolir todo o montante.

Declarado incapaz, Marcondes acabou aposentado pelo escritório, abandonado pela mulher e pelos gêmeos, que até hoje leem o jornal de trás para a frente. Ele nem se importou, pois quis renamorar todas as garotas com quem saiu antes de se casar. Não eram mais garotas, a maioria estava casada, mas receberam com carinho aquele rapaz de antigamente que aparecia de surpresa com um maço de flores, uma caixa de bombom, um colete de lã, um cabelo pastinha e um romantismo *démodé*, porém agradável.

Anette, viúva, até o renamorou. Mas não aguentou o pique de sair todas as noites para dançar, assistir a filmes nos antigos e gloriosos cinemas do centro, que agora só exibem pornôs.

Aos 65 anos, Marcondes surpreendeu e fez vestibular. Deu até entrevistas como personagem exótico. Passou a frequentar a mesma faculdade que cursou aos 20 anos. Recebeu o mesmo diploma.

Aos 80, sentava-se no banco de madeira da escola estadual que frequentou no ginásio, sem perceber que a mesma virara uma repartição pública indefinida, dirigida por funcionários fantasmas. Aos 85, cantava no coral infantil no mesmo coreto da praça preservada pelo patrimônio histórico. Coral de uma voz e dois bêbados. Aos 90 anos, instalou-se num quarto na maternidade em que nasceu, prédio já abandonado há tempos, esqueleto ocupado por um grupo sem-teto radical. E lá ficou até morrer.

Marcondes é considerado um homem paredão: o bate e volta. No meio do caminho, resolveu voltar. Viveu duas vezes a mesma vida. Recusou-se a envelhecer. Aprendeu duas vezes as mesmas lições. Emocionou-se duas vezes pela mesma experiência. Foi a forma mais original de alguém combater a inércia existencial. Original e covarde.

# Marcelo ama resto
## [baseado numa história real]

**Oswaldo, o amigo de colégio,** filósofo, me conta que escrevi há décadas no seu mural: "Marcelo ama resto." Lindo... Mas não tenho a menor ideia do que significa.

Algumas interpretações metafísicas possíveis: "o foco não me interessa, mas sim o que escapa pelas bordas"; "o sol aquece pelo reflexo, não pela luz"; "prefiro a última do lado B"; "olhe e admire a mais bonita, mas repare naquela mais interessante sentadinha no canto e interaja com ela"; "existe arte no rascunho"; "a beleza está no erro".

Espere! Investigando mais esse Marcelo de décadas atrás, estudante duro, lembrei: o cara, eu, almoçava em casas de amigos e parentes que estavam na rota da USP. Oswaldo morava no Butantã. Talvez Marcelo fizesse um pit stop proposital bem na hora do rango e se satisfazia com a sobra. Marcelo amava o resto do almoço da família de Oswaldo? Um fato: Marcelo amava filar boia. Outro: Marcelo era um tremendo cara de pau.

Ele (eu) tinha uma rede de fornecedores de rango caseiro. Voltando da faculdade, calculava quem estaria almoçando, denominado "a vítima". E aparecia. Claro que o ataque ocorria no front de lares bem-estruturados, com empregadas, rotina alimentar etc.

Na casa do meu primo Ricardo, eu sabia: quinta era dia de feira, portanto, a mesa estaria com frutas e verduras. No Olhar Eletrônico, antiga produtora do Fernando Meirelles, com quem trabalhei, o almoço era dos mais disputados entre os filadores profissionais. E pontual.

Na casa do Maurício, roteirista e diretor de TV, o cardápio era único: arroz, feijão, bife à milanesa e batata frita. Todo santo dia. O suco era laranjada (suco de laranja mais água e muito açúcar). Uma vez por semana, eu aparecia. Era um rango bom, mas de colesterol alto. Portanto, aprendi, é preciso equilibrar dietas e balancear visitas. Casa com colesterol alto, uma vez por semana.

A construção da rede gastronômica caseira do pão-duro começa pelas empregadas. Fundamental ganhar simpatia e compaixão. Porque em muitas vezes que se chega de surpresa bem na hora do rango o patrão ou a patroa está no banho, e são elas quem nos fazem companhia e, o mais importante, abrem a porta. Em segundo lugar, é fundamental ampliar a amizade com a família da vítima. Porque você pode aparecer sem a presença do amigo.

Quando Estela parou de almoçar na casa da sua mãe na Cidade Jardim, pois se casou e se mudou para Higienópolis, sem problemas, continuei aparecendo para almoçar com a caçula Renata, para a alegria das empregadas, íntimas já. E dos cães.

Outra prática importante: ganhar a amizade dos animais de estimação, pois, se implicarem com você, perde-se a boquinha. Por outro lado, se fizerem festa quando você chega, beleza, comida garantida por um tempo. E se o gato se sentar no seu colo então, você já é da casa.

Esqueça amigos metidos a gourmets. Você só irá almoçar lá pelas 15h. É preciso ser objetivo, sem parecer oportunista: chegar e papear. O bicão, como o carona, tem um preço a pagar: umas piadas a contar e uns assuntos relevantes a levantar. Lógico, não levante polêmicas desnecessárias e conheça a ideologia do amigo. Não vá elogiar a política social do governo Lula na casa de um tucano. No máximo, pergunte se não teria sido melhor o PSDB ir de Serra. Almoçar com um amigo que cozinha é pra fim de semana, em que a agenda é mais flexível. Tem outra. Amigo gourmet sempre te coloca pra picar cebola ou descascar batatas. E outra. Amigos gourmet experimentam receitas novas com o bicão. Pode ser um desastre.

Uma casa em que se pode comer bem e rápido é na de ex-mulher. É rápido, porque afinal ela tem outro, que tem ciúmes exatamente de você. Ela cozinha melhor, porque mulher quando te larga sempre fica mais gata, mais magra, mais interessante e cozinha melhor. E ela sabe exatamente como você gosta do café. É claro que você esqueceu que ela gosta sem açúcar. Rola neste ínterim um diálogo rico e emocionante como:

"Você está saindo com alguém?"

"Com a sua prima."

"Que legal! Você gosta dela. Não pise na bola, não seja ranzinza, nem maleta.

"Se você estiver inseguro, não agrida. Fale, conte, chore, sei lá, mas não seja grosso. Não desconte. Desculpa a sinceridade. Nem sei se você queria esse tipo de comentário. Você é muito exigente com você e com os outros. Se você se deixar levar, ficar mais largado, menos exigente com você mesmo, se cobrar menos, talvez admita bobagens dos outros. Já eu não tenho filtro entre o que eu penso e o que falo. Me arrependo pacas. Mas aí eu já falei. E fico me remoendo."

"Já que estamos nos abrindo... Não acho que seu problema seja falta de filtro.

"Você é muito sensata. Isso é o que eu mais gostava em você. Além do corpinho que Deus lhe deu."

"Que amor..."

"Seu problema é..."

"Falo demais? Tá na mesa. Você quer pimenta?"

"Você emagreceu, sua pele melhorou, seus cabelos, então..."

Elogie! Para garantir o retorno. Já que o atual só a critica, como você, quando era "o atual".

Sim, com a mãe ou irmãos só se almoça aos domingos. Você não irá desperdiçar uma tarde de dia útil discutindo problemas familiares, vai?

Faltou dizer que Marcelo já há dez anos faz feira, supermercado e tem uma cozinheira ótima. E almoça em casa quase todos os dias. Virou vítima. Não vem folgar. Avise antes...

# O inadequado

Estatisticamente, pequenas neuroses e bastante inveja se manifestam com mais contundência quando há muitas pessoas envolvidas. E há muitas pessoas envolvidas numa instituição popular e, como afirmam deputados que odeiam as mulheres, falida: o casamento. Poucas cerimônias contemplam tanta neurose num mesmo espaço quanto a de casamento, e, durante a sua celebração, a inveja atinge o pico da sua consumação. Portanto, cuidado com a lista de convidados. Nunca inclua aquele amigo que acabou de se separar e odeia toda a humanidade. Especialmente a humanidade do sexo feminino. Por quê?

1) Quando ele recebe o convite, repara se a caligrafia impressa no envelope é manual ou computadorizada, analisando-o contra a luz e lentes. Para checar se a festa será econômica ou regada. Se o convite chegar pelo correio, ele não vai. Nem se vier colado o selo do papa. E quando ao lado do nome de um pai ou mãe aparece a expressão in memoriam, ele automaticamente afirma para os íntimos: "Puxa, o pessoal morre cedo nessa família."

2) Se o convite for acompanhado de um cartão com nomes de lojas, em que estarão as listas de presente, o primeiro pensamento que lhe ocorre é: "Que gente gananciosa, aproveitadora, casam-se só para ganhar eletrodomésticos, talheres e cristais." E se pergunta: "Qual dessas lojas tem coisinhas mais em conta?"

3) Ele fica em dúvida se vai até a loja e compra algo da lista, ou repassa aquela sorveteira de cristal que nunca usou e ganhou no seu terceiro casamento, de uma prima de quem ele nem vai com a cara, que provavelmente ganhou no quarto casamento dela e lhe repassou o chamado PDO (Presente de Ocasião), ou PP (Presente Passa).

4) Ele tem que ir à loja, porque descobre que Lia, a sua diarista, apelidada de "o fenômeno", pois cozinha, lava e passa fenomenalmente mal, quebrou a sorveteira de cristal que ele nunca usou, já que toma sorvete no próprio copo, com a mesma colher, e o guarda no freezer se sobrar; um dos motivos para as mulheres o abandonarem. Ele se irrita com o fenomenal hábito de Lia quebrar louças e deixá-las montadas, como um quebra-cabeça, para, quando ele pegá-las, elas caírem da mão dele aos pedaços, e estar garantido o direito razoável da dúvida. Nunca será provada a culpa de quem quebrou aquela pobre louça, nem por escuta telefônica, nem por interfônica, já que Lia passa o dia falando dele pelo interfone com a síndica. Mal.

5) Na loja, ele já chega perguntando: "O que tem de mais barato na lista do casal tal?" E se não tem nada de barato na lista do ambicioso e aproveitador casal, que nem se ama, desconfia, mas se casa para vender os presentes e rachar os lucros, o conviva mal-humorado e mal-amado compra aquele relógio de parede de cozinha em promoção por R$ 19,90. Duvida?

6) O amigo do noivo fica na igreja ao lado da família do noivo e considera a família da noiva intrusa, vivenciando a Síndrome de Montesco Versus Capuleto. Ele comenta que os padrinhos da sua ala (noivo)

estão infinitamente mais elegantes do que os padrinhos do inimigo. E se algum dos Capuleto tiver um vulpes vulpes carnívoro, canídeo, mais popularmente e carinhosamente conhecido como raposa, pendurado no pescoço, ele não faz carinho no focinho do mamífero, o pendurado, mas joga tinta em protesto contra o uso de pele animal.

7) Ele acompanha a missa enumerando as maluquices dos tempos de solteiro do amigo que deixa de ser solteiro. Ao ver a noiva entrar, aponta e pergunta para o seu vizinho de banco: "Aquilo é barriga de chope ou gravidez?" Quando o padre diz "prometa amá-lo na tristeza e na alegria, na saúde e na doença, amando-o e respeitando-o todos os dias de sua vida, até que a morte os separe", o conviva, que já foi abandonado por três mulheres, ri e comenta: "O padre não conhece as estatísticas." E completa: "Até o cartão de crédito ser cancelado." Quando o padre informa que ela não poderá traí-lo, ele se empolga e diz, para a sua fileira: "Não ponho a mão no fogo nem pela minha mãe."

8) Na comunhão, avisa aos avós da noiva: "Olha lá, não vão engolir a hóstia. Tô de olho..." Na fila de cumprimentos, ele diz para a noiva "casamento é duro", "mata-se um leão a cada manhã", "você está linda", "cuida bem dele" ou "se ele não cuidar bem de você, me telefona"? E para o noivo, seu amigo, diz "meus pêsames", "viu a Salete, como está gostosa?" ou "continua o pôquer às quintas-feiras"? Para a mãe da noiva, diz "está linda a festa", "está linda a igreja" ou pergunta se tem outra filha sobrando. E para o pai da noiva, "se ele aprontar, deixa comigo", ou pergunta quanto pagou pela cerimônia e a garrafa de Red Label.

9) Durante a festa, ele organiza um pequeno exército para hostilizar os convidados da noiva? Dá em cima da vocalista da banda, que é mulher do tecladista, e pede todo o tempo "toca Raul!"? Sobe no palco, pega o microfone e relembra velhas e boas do amigo, como quando eles fizeram uma suruba no cursinho e a primeira vez em que foram para a zona e fugiram sem pagar?

10) Você sabe quem se mete no meio das mulheres para pegar o buquê? E quem coloca dezenas de bem-casados nos bolsos? E quem se empolga, dá em cima da tia avó bêbada, e a convida para conhecer a sua coleção de louça quebrada?

11) Na fila dos manobristas, um colega anuncia que acabou de se separar. Sabe o que ele fala? "Que bom, aquela sem-vergonha dava pra todo mundo do escritório."

12) Um outro amigo, também bêbado, diz que a mulher não veio, porque o trocou por um surfista profissional de 19 anos. "Ela me disse que eu nunca encontrarei ninguém melhor do que ela", o amigo finaliza. Sabe como ele o conforta? "Ainda bem, né?" E tem a cara de pau de perguntar com quem ficará o apê, lembrando que o casal morava numa coberturazinha de um prédio antigo, pé-direito alto, armário embutido, banheira, com uma baita vista e condomínio barato. Afinal, é perto do metrô.

# Tipos que invejamos

O solitário é um indivíduo invejado? É um ser que se basta. Que, aparentemente, não se importa com silêncio, escuro. É prático. Não costuma expor intimidades, vontades, portanto, nunca saberemos se ele não se importa de estar quase sempre só, nem se é feliz em ser solitário. Ser um pode ser vantajoso: ao invés de uma garrafa, uma taça, de um apartamento duplo, um simples.

Não sabemos em quem vota, quem apoia, nem se conhece o desagravo. Sabemos que viaja sozinho, mas não temos certeza, já que não há registros em álbuns ou fotologs ou sites de relacionamento. Solitário não vai a Paris ou Nova York. Prefere Ucrânia, Lituânia e Croácia. Se o seu desejo é não se comunicar, busca lugares e línguas desconhecidas.

Às manhãs, o solitário encosta no balcão da padaria. Uma média com pão na chapa. Só. Apenas diz bom-dia para o balconista, que o atende há anos. Sorri rapidamente e se concentra no jornal, que compra na banca, não assina. Porque solitário compra as publicações na banca. Faz compras aos poucos, paradoxalmente para não se sentir só. Compra

Crônicas para ler na escola **91**

um bife de cada vez, um leite de cada vez. Não faz estoque, não tem despensa, já que, ciente da sua solidão, gosta de circular. Um solitário jamais faz compras pela internet. Nem joga jogos que não solitários jogam pelo computador. Nem entra em salas de bate-papos. Porque ele não é carente, apenas solitário.

Na padaria, ninguém sabe onde mora. Muito menos o seu nome. Apesar de, todas as manhãs, há anos, o solitário encostar no mesmo canto do balcão. Acreditam que ele não gosta de futebol. Porque nem repara na tevê ligada no canal esportivo, que absorve a atenção dos outros fregueses.

O solitário vai para o trabalho de metrô. De táxi, teria de conversar com o motorista. De ônibus, com o cobrador. Ele fica em pé, no canto do trem, para não ter que se sentar com alguém que possa puxar um assunto. Um solitário não sabe conversar espontaneamente. Antes de um encontro, ele planeja o que dizer, as frases que vai usar, as opiniões que vai emitir. Ele pensa antes se concordará ou não com a política municipal, estadual e federal. Escolhe observações que não polemizam, "pois é, incrível o que estão fazendo com a nossa cidade". E ninguém sabe se está elogiando ou criticando. Frases cujo único intuito é tornar o mais breve possível o diálogo, já que um solitário não é de muita conversa.

A segurança do prédio de escritórios sempre barrava o solitário. Ele é invisível, apesar de trabalhar naquele local há anos, em que acompanhou a evolução da segurança, que de um hall livre passou a ter porteiros, depois seguranças terceirizados, depois guaritas. As atuais guaritas eletrônicas com crachás com chips e, para os visitantes, balcão com pequenas câmeras e micros, que cadastram qualquer indivíduo que pise naquele chão de granito branco, o salvaram do constrangimento de impedirem a sua entrada. Mas mesmo com o crachá com chip acionando o verde da guarita, liberando-o, o segurança de plantão olha desconfiado e se pergunta: "Como nunca vi este sujeito aqui?" E costuma, QAP, perguntar sutilmente à Central se há registro de crachás roubados.

O solitário chega no trabalho e vai direto para a sua baia. Nela, não há cores, não há fotos de parentes ou amigos, nem recados ou correspondência, apenas o seu computador. É limpa, como se ninguém trabalhasse nela.

A maioria do escritório acredita que o solitário é gay. Ou melhor, é um gay que nunca saiu do armário. Porque nunca o viram com nenhuma mulher. Nem com a Lucila, secretária nova, que ficou a fim dele, provocou, mas ele, nada. Portanto, é gay, concluíram. Mas também nunca o viram com ninguém. E gays costumam ser sociáveis e festivos. O cara, não, era apenas solitário, não gostava de homem nem de mulher, não gostava de se relacionar, Lucila dizia, e dava bronca em todos: "Por que vocês, seus machões, acham que um homem sozinho é gay?"

O solitário é muito eficiente no trabalho. Almoça sozinho em restaurantes. E nem abre um livro para disfarçar. Almoça sozinho olhando para o vazio. Não se importa em esconder que é, sim senhor, um solitário.

O solitário vai ao cinema sozinho, compra uma Coca light gigante só para ele, e se alguém se senta ao seu lado, ele fica se controlando por alguns minutos, até não aguentar e, numa explosão de sentimentos confusos, levantar-se e mudar de lugar. Todo solitário é magro. Pois não come fora de hora, não bebe muito, não se entope de petiscos de botequim.

Solitários têm amigos. Mas nunca os telefonam. Eles vão a festas. Não dançam. Encostam-se nas paredes e olham os que dançam. Circulam bastante, porque gente concentrada e muito barulho atormentam.

Os carentes precisam trocar e-mails e torpedos com dúzias de amigos, têm mais de 200 nomes no MSN, mais de 500 amigos no Orkut (são daqueles que não só aceitam todos que se convidam, como convidam os desconhecidos).

Uma curiosidade o solitário desperta: se é um indivíduo que inveja os não solitários.

# Tipos que não invejamos

**A culpada é um tipo** que invejamos? Ela sofre. E muito. Pois sente culpa de todas as espécies e por todos os motivos. Acredita piamente que, por culpa sua, Adão e Eva causaram aquele constrangimento e foram expulsos do Paraíso, prejudicando o desenvolvimento da humanidade. E, sim, algum antepassado egípcio foi responsável pelo êxodo e pelas pragas.

A culpada recicla o lixo, pois sabe que, por sua causa, o mundo está acabando. A culpada pertence a muitas ONGs. Uma delas planta árvores. A culpada é Carbon Free, isto é, a sua existência não aquece o planeta, pois ela calculou com exatidão quanto de carbono e metano expele na atmosfera, e compensa o estrago aos fins de semana, plantando ipês-amarelos e roxos. Aliás, ela está vendendo Crédito de Carbono, pois planta mais do que gasta. Interessa?

A culpada desconfia de que os golfinhos chineses foram extintos por sua causa, pois ela, no passado, inocentemente, brincou com bonecas chinesas e video games chineses, usou roupas chinesas e escovou dentes e cabelos com escovas adivinha de qual procedência? Apoiando a indústria chinesa, sente-se responsável pela poluição do Yang Tse e, portanto, pela extinção do golfinho chinês.

Ela desconfia que a crise nas favelas cariocas dominadas pelo tráfico também é culpa sua, já que a tal boneca, o tal video game e as escovas foram compradas sem a sua autorização de um camelô que vendia produtos contrabandeados e piratas (genéricos), e ela hoje em dia sabe muito bem que comprar produtos desta procedência alimenta o crime organizado, inclusive o organizado no Corinthians.

A culpada acredita que há corrupção em Brasília, porque ela vota mal. Que há poluição de São Paulo, porque ela queimou incenso na fase hippie. A culpada vive dilemas intransponíveis: compra móveis de madeira e imagina quantas florestas foram derrubadas, quantas araras-azuis estão sem um local seguro para abrigar seus ninhos, quantos micos-leões não podem pular de árvore em árvore e correm o risco de extinção por tristeza; mas se ela comprar móveis de plástico, pergunta quantos séculos serão precisos para aquelas futilidades em que se senta, dorme e come, conhecidas como cadeira, cama e mesa, desintegrarem-se; se compra móveis reciclados, imagina crianças esfomeadas, que deveriam estar nas escolas, nos lixões catando detritos.

A culpada acredita que os tênis são fabricados na Tailândia com o uso de mão de obra escrava. Por isso, anda descalça. Não, ela também não usa couro, já que a fronteira verde está sendo tomada pelo gado, hectares de florestas estão sendo derrubados para a plantação de soja, que alimenta o mesmo gado que, num luxo desnecessário, será transformado em sandálias, cintos e botas de couro.

A culpada não toma leite, porque sabe que o bovino é o maior emissor de metano na atmosfera. Não toma seus equivalentes de soja, pois não quer ver o Pantanal ser substituído por plantações extensivas do grão.

A culpada é a favor da cota para negros nas universidades. Pois ela tem certeza de que a escravidão gerou lucro para algum parente seu. Ela contribui com Israel, enviando dinheiro para lá, pois, por ter olhos azuis, acredita que na Segunda Guerra teve parente seu envolvido. Também contribui para a causa Palestina, já que, como contribui para Israel, acha injusto não democratizar recursos. Ela se sente culpada pelo 11 de Setembro, pois quando era pequena e viajou para a Disney, notou que a segurança dos aeroportos americanos não foi rigorosa, já que não revistaram a sua boneca chinesa, sem contar que os pilotos do avião a convidaram para visitar a cabine, o que ela atendeu, levando sua escova de dente chinesa, cujo cabo, pontudo e afiado, poderia ser usado para o mal. Ela tinha que ter insistido com as autoridades, enviado cartas aos jornais, feito de tudo, para alertar sobre as falhas.

A culpada não tem animais de estimação. Retirar bichinhos da natureza, no caso de cães e gatos, castrá-los? Logo ela que fez passeata contra a clitoridectomia das Massai? Ela estudou História, para entender a humanidade, Psicologia, para entender o indivíduo, e Saúde Pública, adivinha por quê? Acabou de se inscrever para uma faculdade de Direito. Perto da sua casa. Para não queimar mais carbono. Porque culpada não paga meia, utilizando o artifício da carteirinha falsificada. Prefere estudar numa faculdade, para ter uma verídica, a ser acusada de causar danos à indústria cultural e levar artistas à fome.

A culpada profissional não tem filhos, pois sabe que se sentirá culpada por não ficar mais tempo com as crianças. Ela não conseguirá matricular o seu bebê de meses numa escola. Ela não conseguirá usar fraldas não biodegradáveis. E não terá tempo para lavar as de pano, cheias de substâncias que exalam metano, por sinal.

Só não sabemos se a culpada sente culpa por ser culpada.

# Por que não?

**Por que você não pega** o ônibus que passa na sua rua? Você conhece o itinerário dele? Vá até o ponto final, para ver como é a cidade que ele atravessa diariamente. Volte até o ponto inicial.

Por que você não prepara uma viagem para conhecer a cidade em que seus avós nasceram? E, se der, por que você não os leva? Por que você não aprende a língua deles, caso sejam imigrantes estrangeiros?

Por que você não vai conhecer aquele parente de quem ouviu muito falar, mas que nunca viu pessoalmente?

Se você tem empregada, por que não dá um beijo nela, assim que levantar da cama? Por que não aceita aquele convite de conhecer a casa dela? Marque a visita para o próximo domingo. E leve o vinho mais caro que encontrar.

Por que você não abraça o seu porteiro e combina de beber uma cerveja depois do expediente com ele? Por que não vai conhecer a casa das máquinas do seu prédio com o zelador? Por que não abre um champanhe no teto do prédio, com ele? Veem o sol se pôr.

Se você mora em casa, por que não pergunta para o vigia da sua rua onde ele nasceu, como foi a sua infância, se é casado e tem filhos? Por que não o convida para jantar antes do serviço? Cozinhe pra ele. Como se cozinhasse para o rei.

Por que você não liga agora para os seus pais e não diz o quanto os ama? Por que não vai hoje à noite comer uma pizza com eles e folhear álbuns de infância, reler cartas, ouvir histórias? Por que você não abre o armário do seu pai e olha roupa por roupa, gaveta por gaveta, como ele se veste atualmente? Por que você não dorme na antiga caminha em que dormia?

Por que você não faz as pazes com os seus irmãos? Convide todos para irem ao circo. Pague pipoca para eles. Por que não vão todos depois aos bastidores conversar com os trapezistas?

Por que você não paga pipoca para todas as crianças do berçário vizinho, que fazem uma algazarra incrível na hora do recreio? Por que você não aproveita e brinca com elas? Por que você não pode ou não quer?

Por que você não visita a sua escola pré-primária? Ande pelos corredores e tente reconhecer alguns professores. Por que você não se senta no banco escolar de onde assistia as aulas? Por que você não procura na biblioteca o seu nome nas fichas de livros que leu na vida? Peça o mesmo sanduíche que comia na lanchonete da escola. Por que não aproveita e paga para todos os alunos presentes uma rodada de milk-shake? Lembra o quanto você era duro e de como era caro tomar um?

Por que você não liga já para a sua primeira namorada ou namorado e marca um café? Marca para um sábado qualquer. Por que você não liga para a segunda namorada ou namorado e relembra todas as besteiras que fizeram, os apelidinhos que se deram, os presentes que trocaram?

Por que você não escreve uma carta? Por que você não compra selos e posta a carta numa caixa de correio que resiste ao tempo? Você sabe onde tem uma caixa de correio perto?

Por que você não escreve uma carta para antigos namorados ou namoradas relembrando todas as coisas boas que vocês viveram? Por que você não escreve uma carta para você mesmo, contando todas as besteiras que fez na vida, listando os arrependimentos? Coloque num envelope selado, enfie na caixa de correio mais próxima.

Por que você não começa hoje a ler o livro que sempre teve vontade, mas que nunca teve tempo? E por que não decora a letra daquela música que ama? Por que não aproveita e decora o número do seu cartão de crédito novo?

Por que você não vai a uma praça rolar na grama? O que o impede de subir na gangorra ou balanço? E numa árvore? Siga as formigas. Escute abelhas. Reparou que um adulto só volta a ser criança na velhice?

Por que é tão difícil quebrar os hábitos, fugir do padrão, deixar o óbvio de lado? Por que ignorar o incomum? E, o pior de tudo, por que a rotina nos é fundamental?

Por que você não poda as árvores da sua quadra, por que não planta flores nos canteiros da sua calçada, por que não adota um gato? Por que você não passa o dia na janela, observando o movimento e a rotina dos vizinhos? Falta de tempo? De interesse?

Por que uma criança sempre ri?

Por que não arrumar os livros em gênero, os discos em ordem alfabética, as roupas por estilo? Por que não doar agora aqueles livros, discos e roupas de que não gosta? Por que não passar o dia desenhando? Por que não desenhar na parede da sala? E que tal comer um tomate inteiro, como se fosse uma maçã? Ou sucrilhos, grão por grão? Lamba o prato. Enfie o dedo no bolo. Use a colher do açucareiro, para dispersar o açúcar no café.

Vá ao estádio de futebol e se sente na arquibancada com a torcida rival. Torça, um dia apenas, para um time que nunca imaginou que existisse. O improvável é tão impossível assim?

Durma olhando para as estrelas, coma sem usar os talheres, corra para ver os cavalos acordarem, converse com os moradores de rua do bairro, entre no metrô de costas, cante alto uma música no vagão, vá à varanda mais próxima e uive com os cachorros na madrugada. Por que o diferente amedronta?

Vá ao aeroporto ver avião subir. Conte quantas nuvens tem agora no céu. Tente desvendar qual animal elas lembram? Abra os braços, respire fundo, feche os olhos, sinta no rosto a umidade da brisa, escute o vento, a cidade viva. Diz: "Como é bom tudo isso..." Agora repete.

# O fascinante mundo das mulheres

O pai viajava muito. Envolvido em política, tinha reuniões em outros estados. Chegou a ficar ausente meses, exilado. E, mesmo quando estava na cidade, quase não parava em casa.

Seu filho nasceu para ser o único homem de uma casa com muitas mulheres. Desde pequeno, fascinava o diverso mundo feminino, rico em detalhes. Sua rotina era invadida por perfumes, nuances, delicadezas e mimos.

A família acordava com o mesmo toque do despertador. Estudavam de manhã. Ele se vestia num minuto. E, como se estivesse na coxia de uma ópera, sentava-se no canto do corredor, para assistir ao corre-corre das quatro irmãs, matriculadas num colégio religioso.

Enquanto o que bastava para ele era um short, uma camiseta com o logo da escola, um par de tênis e uma bola, elas tinham de lidar com um vestido de brim pesado, com torçal, laço e faixa. Uma ajudava a outra a guarnecer e amarrar a cintura.

Crônicas para ler na escola **103**

Usavam meias, roupas de baixo, sem contar a maquiagem, o encaixe de grampos, brincos, pulseiras e anéis, além de adornos com nomes estranhos, como piranha e tiara.

Havia trombadas no corredor. Brigas. Mãos disputavam peças do figurino. Empurra-empurra. Paninhos com água morna e limão limpavam manchas. As quatro transformavam aquela casa numa trincheira sob bombardeio. Ele não perdia um detalhe deste mundo complexo e perturbador.

Às tardes, elas passavam horas no telefone, com pinças, esmaltes e escovas de cabelo, diante de espelhos. Cada uma examinava com cuidado cada centímetro do próprio corpo.

Enquanto ele nem cuidara do joelho ralado na escola, elas pintavam as unhas dos pés e das mãos, raspavam as pernas com a gilete do pai ausente, usavam cremes, pós e batom. Mulheres olham para o mundo através dos espelhos, descobriu.

Secavam o cabelo com um barulhento instrumento — de que ele foi proibido de chegar perto, já que o usou como se fosse um revólver, numa brincadeira de rua.

Enquanto ele apenas chacoalhava a cabeça ao sair do banho, como um cão vira-lata saindo do mar, elas enrolavam com destreza uma toalha na cabeça, antes de usarem o secador. Lembravam as figuras egípcias que ele tinha no livro de História. Uma vez, ele tentou enlaçar a cabeça com uma toalha. Sem sucesso. Só as mulheres conseguem, concluiu.

Dividia o banheiro com as irmãs. A sós, passou esmalte nos dedos. Cheirou cremes. Atacou as formigas da pia com uma pinça em cada mão. E torturou o gato da família: colocou presilhas nas suas orelhas, elásticos no rabo e lixou as suas garras.

Na lixeira, intrigavam os pacotinhos embrulhados por papel higiênico. Ele abriu alguns deles e observou maravilhado o sangue escondido, proibido. Ele sabia que elas não estavam doentes, nem raladas, sim, porque crianças fazem questão de mostrar a todos os ferimentos conquistados.

Ninguém nunca explicou o significado daquele sangue secreto. Ele tinha consciência de que era parte do misterioso mundo feminino.

Lembra-se com exatidão de uma cena que nunca teve coragem de contar. É um segredo muito bem trancado, que o intimida.

Devia ter uns 8 anos. Viu pendurados no banheiro da sua mãe uma calcinha e um sutiã. Seus dedos percorreram o tecido delicado. Examinou a intricada armação de alças, presilhas, elásticos e um fecho. Que sofisticada obra de engenharia é o sutiã, pensou. Fez dele um estilingue. Riu. Olhou-se no espelho.

Depois de se certificar de que a porta estava trancada, experimentou por cima da roupa.

Vestiu o sutiã. Percebeu o quanto é inoperante o seu fecho. Sentiu as alças apertarem os ombros, o tecido segurar algo que faltava, a armação dificultar os movimentos dos braços. Depois, vestiu a calcinha. Reparou como o tecido era mais delicado do que o das suas cuecas ásperas, que não tinham rendados.

Olhou-se de novo no espelho e riu. Parecia um palhaço. Fez uma careta.

Qual o significado desse gesto? Vestiu-se para experimentar o que a pessoa que ele mais amava sentia. Viu-se no espelho, para admirar as roupas que tinham a honra de protegê-la.

O pai ficou com receio de o filho ser influenciado e virar um "frouxo", como se dizia. Tirou-o da escola alternativa do bairro, em que estudavam os filhos dos amigos, e o colocou numa escola pública na Praça da República, centro da cidade; um choque.

O queridinho das mulheres da casa de repente era um anônimo uniformizado, cercado por duas mil crianças que usavam o mesmo terno azul, desconfortável e antiquado. Chorou no primeiro dia. Desesperou--se no segundo. Encontrou uma saída no terceiro: um refúgio que só aumentou a sua admiração pelas mulheres.

Sua avó paterna, animada, carioca de nascimento, morava em frente, na Avenida São Luis. Ele fugiu da escola. Pediu para um pedestre ajudar a atravessar a Ipiranga, e passou a manhã dançando Roberto Carlos com a velhinha de cabelo azul. Pediu para ela pintar o cabelo dele também de azul.

Conheceu os penduricalhos de outra geração, como cintas-ligas e anágua. Brincou com joias pesadas. Dançou em sapatos altos. Cobriu--se com um casaco de peles e fingiu ser um animal selvagem, atacando a governanta da casa.

A visita virou rotina. Bebia vinho do porto com ela. Dormia no seu colo, que cheirava a talco, até a hora de voltar para casa, depois da "aula".

O pai morreu, quando ele tinha 11 anos. Antes, portanto, de saber que, até hoje, quando o filho vê uma mulher diante do espelho, nua, com pinças, cremes, examinando as imperfeições da pele, o dia está ganho. O mundo para de girar, para ele observar o intricado e belo universo feminino.

Claro que esse garoto tem um nome. Adivinha...

# O chato

**O que molda um chato?** É de nascença ou uma deficiência adquirida? É o ambiente que o faz? É genético? A culpa é das más companhias? São as desilusões existenciais que transformam um sujeito comum num chato? O fim das utopias interfere no grau de chatura?

Tem chato que, de longe, se vê que é um chato. Monoteístas diriam que Deus olhou para Romário e disse: "Esse é o cara..." Então, reparou no bebê ao lado e disse: "Esse vai ser chato." É aquele para quem os mendigos não pedem esmolas.

Há três categorias de sujeitos que podemos considerar chatos, também conhecidos como malas, inconvenientes, maçantes: o chatinho, o chato para algumas coisas e o insuportável.

Geralmente, os insuportáveis têm elementos em comum: não mentem. Por serem sinceros, é que são chatos. Costumam pegar no ponto fraco do interlocutor. "Como você está gorda", é uma das formas que começam uma conversa. Há variações. "Seu canino está sujo." "Quanta caspa..." "É duro envelhecer, não?"

Chato que é chato vive convidando conhecidos para a sua casa. Inventa muitas atividades para travar amizade. Constrói uma intimidade que não existe. Afirma que você precisa conhecer os pais, cachorros e plantas dele. Além disso:

1) Um chato é sempre insistente na sua chatice. E fala demais.

2) Ele é uma unanimidade: se é chato para um, o é para todos.

3) Uma vez chato, sempre chato.

4) O chato é chato no berçário, na escola e no colegial. Destaca-se na faculdade.

5) Ele continua chato no trabalho. Aliás, em toda empresa, é preciso ter um chato, para descarregarem as tensões. E se o chato muda de empresa, passará a ser chato no novo trabalho.

6) O chato sabe de cor os nomes de todos.

7) Nunca esquece um aniversário.

8) Usa expressões em outra língua, esforçando-se para falar com o sotaque correto.

9) Corrige os erros de português de outros no meio da conversa.

10) E, agora, na versão on-line, corrige os erros de ortografia no começo da resposta.

11) Conhece todas as regras da empresa e o organograma.

12) Sabe a causa de todos os feriados que estão por vir.

Mas, no íntimo, chato que é chato detesta Natal, Réveillon e especialmente o Carnaval, datas em que não entende como podem estar todos tão felizes, trocar presentes e cumprimentos, se ele não tem companhia. Eis o paradoxo: o chato é chato porque é triste ou é triste porque sabe que é chato?

Eu me encaixo na classificação chato para algumas coisas. Com quantos travesseiros você dorme? Eu durmo com cinco. E de densidades diferentes: um duro para a perna direita, um fino para a nuca, outro mole para ficar ao lado da orelha, outro enrolado no calcanhar esquerdo, e um mediano para ficar de stand-by, caso algum caia da cama. Sim, o chato para algumas coisas é um cara prevenido.

Talvez eu seja o único sujeito do bairro que tem vontade de metralhar todos os pássaros que cantam ao amanhecer. Especialmente a sabiá insone e gorda como uma galinha que começa a cantar às 2h.

Em literatura, muita coisa me irrita. Quando abro um livro, e o sujeito começa "fui envolto pela sensação de...", não termino a frase e o jogo no lixo.

Sou tão chato que livro com mais de 500 páginas raramente leio. Considero o autor excessivamente narcisista, por achar que sua história merece tanto papel. Livro de menos de 100 páginas também não leio. Considero o escritor negligente e preguiçoso. Orelha de livro? Não leio. Prefácio? Pulo. Epígrafe? Detesto. Contracapa? Evito.

Quando um autor iniciante tem a "brilhante ideia" de me convidar para escrever o prefácio ou a orelha do seu livro, eu penso nas desculpas mais esfarrapadas, mas, na hora agá, não me contenho e pergunto: "Você acha que eu não tenho mais o que fazer? Acha que eu fico ligando para escritores, para pedir para parar o que estão fazendo para escrever elogios sobre a minha literatura? Algum livro meu tem prefácio? E alguém lê prefácio? Você lê? E orelha?"

Sou tão chato que, se o envelope da correspondência que recebo for muito bem lacrado, fico com preguiça de abrir e jogo fora. Se o elevador demora para chegar, dou meia-volta e desisto. E se a avenida estiver congestionada, volto para casa.

Se vou de metrô, e o trem não para de forma que a porta fique à minha frente, não entro. Se há alguém no lugar exclusivo de deficientes, olho com cara feia. Se alguém na plataforma tentar entrar no carro antes de eu sair, atropelo. E se alguém ficar me olhando muito, sou capaz de dizer: "Está olhando o quê?"

Sou tão chato, que já usei a expressão "cara feia pra mim é fome".

Pessoas que o chato detesta, pela ordem de detestação:

1) Todos os protagonistas de comercial de cerveja. Até os figurantes, com caras alegres, em praias paradisíacas. Um chato inveja pessoas felizes.

2) Todos os cantores que cantam em dupla. Um chato inveja pessoas que têm parceiros.

3) Apresentadores de tevê casados que apresentam o mesmo telejornal. Um chato não conseguiria trabalhar com a mulher.

4) Atores de tevê casados que protagonizam o mesmo filme ou novela. Sem comentários.

# O vendedor de pinguins
## [baseado em história real]

A nova invasão argentina vem do mar. Para ser mais preciso, do Estreito de Magalhães, no extremo sul do continente, famoso pelas correntes, ventos e ondas que naufragaram aventureiros.

Dia desses, mais cinco pinguins andavam como bêbados de fraque fugindo da Lei Seca, pelas areias escuras da praia do Rio Vermelho em Salvador. Estavam com fome e trôpegos. Afinal, foi uma viagem de 5 mil quilômetros.

Não vieram em busca do acarajé da Cira, cuja barraca fica logo em frente, nem prestar homenagens a Iemanjá, que tem um monumento na praia. Também não vieram protestar contra a extinção do trema, planejada em conluio com nossos colegas lusitanos.

Nos meses de abril, os pinguins costumam migrar em massa da Patagônia para o Brasil em busca de comida. São comuns nas praias do Sul. Neste ano, foram mais longe.

Mais de 125 animais já foram encontrados na capital baiana. Apareceram nas praias de Itapuá, Flamengo, Barra e Ribeira, ao pé da igreja da Sagrada Colina, para a bênção do Nosso Senhor do Bonfim.

O fenômeno se repete com menor intensidade em outras praias baianas. A base do IMA (Instituto Mamíferos Aquáticos) de Ilhéus hospeda 19 pinguins. Outros 15 estão internados na base da Baía de Todos os Santos, em Paraguaçu. Cinco estão em Camamu, e quatro em Morro de São Paulo.

Os animais nadaram também para outros pontos turísticos: Caravelas, Mucuri, Garapuá, Barra do Gil, Mar Grande e Itaparica.

Especialistas apontam a causa. Segundo o Ibama, é culpa do aquecimento global e do derretimento das calotas polares, que deixaram a Corrente das Malvinas mais forte.

Os pinguins encontrados são filhotes que saíram dos seus ninhos gélidos, deram o grito de independência, vieram conhecer as praias brasileiras e se perderam do grupo, num processo de dispersão em cadeia.

O IMA tem apenas dois carros disponíveis para o resgate. Voluntários foram convocados para preparar a alimentação (manjuba ou sardinha) e medicamentos. Eles pedem jornais e mantas, para manterem aquecidas as aves que chegam num quadro de hipotermia.

Esperamos que a população não ofereça as delícias da culinária baiana, carregada no dendê, nem enrole em suas asinhas debilitadas fitas do Senhor do Bonfim.

O trabalho de reabilitação leva 45 dias. Os sobreviventes serão deportados e levados por aviões da FAB até o Centro de Reabilitação de Animais Marinhos da Universidade do Rio Grande do Sul.

Confiamos na FAB, que, na longa viagem até o Sul, não vingue o tratamento dispensado pelas autoridades argentinas aos turistas brasileiros, vítimas do recente caos aéreo de lá, e sirva aos pinguins ao menos uma barrinha de cereal, digna do tratamento dispensado pelas nossas companhias aéreas.

A Bahia comemora a chegada dos ilustres visitantes, que levanta muitas perguntas:

1) Será que organizadores do Camarote Expresso 2222 vão sugerir que a deportação seja feita depois do Carnaval, para que as espécies possam participar da folia e atrair mais visitantes?

2) Ivete Sangalo enviará ofício ao Ibama, perguntando se pode utilizá-los como dançarinos do seu próximo show de rock?

3) Considerando o tom de sua pele (ou penas), os pinguins não são afrodescendentes disfarçados de argentinos em busca de suas raízes?

4) Será aprovada a sua participação no afoxé Filhos de Gandhy?

5) Os Tribalistas saem com um disco novo em homenagem?

6) E adivinha qual será a dança e a fantasia da moda no Carnaval baiano 2009.

Publicitários nem precisam procurar o líder dos pinguins, para contratá-los como figurantes de comerciais de cerveja, já que a Antarctica entraria com representação no Conar (Conselho de Autorregulamentação Publicitária), para provar que a marca é dela, muito antes da invenção da latinha.

Mas a avareza não tem limites. Dois pinguins magalhães foram recapturados pelo Ibama em residências de Salvador, depois de denúncias recebidas pelo IMA. E não eram de louça.

Um morador afirmou para a imprensa baiana que conseguiu capturar apenas dois, apesar de ter uns 20 na praia. Pegou os que estavam fracos, pois os mais fortes bicavam.

Moradores do bairro Boa Viagem e Piripiri não pretendiam colocá-los vivos sobre as suas geladeiras para causar inveja na vizinhança. Eles estavam vendendo os animais por R$ 500 cada, o que configura crime ambiental.

Quero ver o aquecimento global alterar também o sentido da Corrente do Golfo, que vai do Equador ao Atlântico Norte, e começar a trazer para as praias baianas ursos polares famintos.

# Os inimigos da festa

Às sextas, o telefone insiste: "Tem festa?" Quando tem, vem: "É festa ou reuniãozinha?" Quando é festa, Ok, cabem bicos; quando não, tem: "Quem vai?" E lá estará o desfile das "roupichas" que a luz do dia ofusca. E dançar, ficar bêbado, falar merda e cantar cem garotas(os). Inventou-se a festa para exibirmos o que à luz do dia acovardamos.

Os escritores, que não são *bobos* nem nada, se utilizam de festas para as grandes revelações. É numa que Emma Bovary vê, no salão, o que sonhava na sua vidinha miserável. Depois, passa a procurar a aventura que seu casamento escondia. Em *Os Mortos,* de Joyce, duas velhinhas empetecadas botam pra quebrar todos os anos: dão festas e dançam, cantam, comem e fofocam epifanias. É depois de uma que Gabriel descobre que sua mulher, Gretta, teve uma paixão mortal antes de se casar; tudo porque Gretta ouviu, na festa, a música que seu amado cantava.

Mas existem os inimigos declarados de festas (vizinhos, síndicos, zeladores & cia.), inimigos de epifanias e revelações. O bem-estar comum inventou os salões de festas. O do meu prédio tem regras anacrônicas.

Segundo a ata da última assembleia, depois de uma festa com "incrível número de jovens", não se aluga mais o salão para dependentes, o número de convidados fica limitado a cinquenta, o som deve ser desligado às 22 horas de domingo a quinta e às 24 horas sexta e sábado. Sugere-se ainda o gradeamento da área do salão para "restringir a movimentação dos convidados". Que animação...

Há uma semana, jornalistas da *Folha* reuniram-se para homenagear uma colega de trabalho. Os meliantes não somavam mais que trinta, num apartamento da avenida São Luís, com a música baixa. À uma da manhã, depois da sétima interfonada da vizinha, o bom-senso decidiu encerrar a festa. Fui o primeiro a sair. Encontrei a própria, no hall, com o cabelo despenteado e cara de sono: "Aí dentro só tem maloqueiro. Não se consegue dormir!" Ainda tentei: "Minha senhora, aproveita que amanhã é feriado e vai ler um livro, ou arrumar o armário..."

No térreo, a porta do prédio estava trancada. "Só saem daqui quando a polícia chegar!", decretou, em conluio com o porteiro e zelador. "Minha senhora, isto é cárcere privado e formação de quadrilha", tentamos. Nicas. A festa desceu. O bate-boca rendeu até a chegada da polícia. Acusações de lado a lado, todos para a delegacia. Documentos à mesa, ela quis impressionar, apresentando uma carteirinha de uma revista pornô: "Também sou da imprensa!" Restaram dois boletins de ocorrência e uma noite memorável para a inimiga de festas que, no íntimo, é a mais competente perturbadora da ordem, aliada do caos. Foi a sua revelação.

# O mal-entendido
## [baseado em história real]

O casamento estava marcado para as 20h. Na igreja em frente a uma praça dos Jardins, indicaram, numa travessa da Faria Lima.

Quem da minha família não conhece a São José? Já fui a casamentos, missas de sétimo dia e batizados realizados nela. Conheço até o altar e a sacristia — já fui padrinho.

Desenhei com antecedência o caminho, já que a cerimônia cairia numa sexta-feira. Sei dos atalhos do bairro. Se saísse meia hora antes, ok. Rua Groenlândia, depois a Polônia. Cruzaria as mansões do Jardim Europa. Caminho bucólico e relativamente livre.

Não sou muito fã de casamentos em igreja. Nada de me acusar de neurótico intolerante. Conheço muitos que também não são. Acho uma festa tensa, excessivamente protocolar. A cerimônia geralmente marcada na hora do jantar se torna um obstáculo para o que o estômago clama: o bufê.

Curiosidade: geralmente, casamentos são às noites, missas de sétimo dia, às manhãs. Confesso que as de sétimo dia mobilizam mais a alma, mexem com o passado de todos, levam a reflexões sobre amizade, vida, amor ao próximo.

Um velório ou missa de sétimo dia atordoa. Esperamos o tempo desarmar os dilemas que suscita. Os convidados, emocionados, solidários, fazem promessas que não serão cumpridas e juras de amores, marcam compromissos, antes que passemos "dessa para uma melhor".

A vida é frágil e uma só? A linha da morte, tênue. Até dias atrás, ele estava entre nós. Saudades.

Desculpe. Não estou concentrado. Desconsidere. Onde já se viu preferir velórios a casamentos?

A maioria das mulheres chora em casamentos. A cerimônia deve causar um terremoto na falha geológica em que placas de desejo e fantasia se chocam.

Lembra uma gincana: elaborar lista de convidados, número que tem que ser redondo e preciso, o que gera discórdia familiar; convite, confecção da letra, escolha dos envelopes, entregá-los em mãos; decidir igreja, marcar juiz; alianças; curso para noivos, convocar padrinhos; preparar figurino, cabelo, arranjos, escolher músicas, depois, salão de festa, cardápio, bebidas, mesas de doce e bem-casados, banda, DJs; tirar fotos, vídeo; listas de presentes; aluguel de carro, primeira noite, lua de mel, e, a produção mais complexa, na riqueza e na pobreza, amar e honrar, até que a morte os separe!

Eu não choro em casamentos. Fico feliz em saber que não sou eu quem passou e pagou por tudo aquilo.

O que simboliza a cerimônia do casamento afinal? No passado, representava a realização de um contrato, a união de forças (famílias, burgos, reinos), através da transferência de um ventre.

No mundo dominado pelos homens, que trancavam as filhas em casa, impediam de estudar, trabalhar e decidiam com quem se casariam, a festa parecia uma concessão: uma noite apenas para a sua menina se sentir princesa e dona do nariz. Depois, era levada para a casa de outro homem, para continuar a sua saga de submissão. Nunca entendi por que se estabeleceu que o pai da noiva era quem pagava as despesas, se era ele quem cedia os "direitos de posse".

Pobre da minha mãe, que teve quatro filhas mulheres.

Às 16h, eu estava com meu único sapato preto, única camisa branca, a gravata já enlaçada e único terno, que tive que comprar, porque meus amigos têm mania de me chamar para padrinho, convite que me honra, papel que desempenho com correção, mas que me aflige, já que não sei dar nó em gravatas. Estava pronto desde as 16h, porque quem sabe dar, larga neste horário.

Eu não conhecia a família dos noivos, Regina e Rodrigo. Mas tinha certeza de que não eram nissei ou sansei. E às 20h a igreja estava apinhada deles. Informaram que o casamento de Regina e Rodrigo era o próximo, às 21h, apesar de o convite indicar 20h.

Acabei assistindo ao casamento multiétnico. Observei santos da igreja. Por que alguns vêm sem nome? Conversei com o contrabaixista, que contou que fica sabendo das músicas na hora, e que o repertório é limitado.

Do lado de fora, chegavam convivas. Não os reconheci. Um ônibus fretado estacionou, e desceu uma turma animada. Fantástica ideia. Pode-se beber à vontade depois.

Acabou o casamento das 20h. Saíram noivos, parentes e convivas cruzando com parentes, convivas e noivos do das 21h. Crianças se perderam. Formou-se um bolo na praça. O pipoqueiro fez a festa. Carros de uns atravancaram os de outros.

Mudaram os arranjos, flores, velas? Que nada. Rodrigo e Regina se casaram com o perfume, astral e luzes do casal anterior. Econômicos...

Já viu dois casamentos seguidos? O início do ritual é idêntico. Amigos da noiva de um lado, do noivo do outro. Entram os padrinhos, que se postam no altar. A banda toca uma música leve, provavelmente a que tocou quando os noivos se conheceram. Estaciona um carro estiloso. De repente, trombetas soam, como se uma rainha entrasse no recinto. Começa a Marcha Nupcial de Mendelsshon ou de Wagner. A noiva cruza a nave.

Pensei que estava na hora de o protocolo mudar. Imaginei casamentos temáticos, com elementos da cultura de massa. Guerra nas Estrelas, por exemplo. O padre de Darth Vader abençoaria o casal com o sabre de luz. Haveria robozinhos R2-D2 e C-3PO como damas de companhia. Gelo seco e luzes dariam um clima espacial. Os convidados viriam fantasiados. O noivo, de Luky Skywalker. A noiva, de Princesa Leia, entraria sob a trilha de John Williams.

Outros temas? Velho Oeste (o ápice da cerimônia seria um duelo entre o pai e o noivo, no meio da igreja, com implicações freudianas), Homem das Cavernas (o noivo levaria a noiva embora, depois de dar uma bordunada na cabeça do sogro, arrastando-a pelos cabelos, enquanto os convidados grunhiriam "pega-pega-pega!").

Ou quem sabe um mais atual: Tropa de Elite. Os convivas, com bonés e ginga, simulariam pertencer ao tráfico. Os padrinhos, ao Bope. A noiva entraria de cachorra dançando um funk. O noivo, de Capitão Nascimento, não pediria a sua mão, mas para ela sair.

21h30. Entrou a noiva Regina. Tive que sair correndo da igreja, cruzando a nave. Pois descobri que não era a minha Regina. Eu estava no casamento de outro Rodrigo.

O meu ocorreu, sim, pontualmente às 20h. Só que na Perpétuo Socorro, igreja que eu nem sabia que existia, em frente a outra pracinha dos Jardins, numa travessa da Faria Lima. Juro. Já aconteceu com você?

# Segundo clichê

Existem algumas formas para evitar as discussões inerentes numa relação. Dividir tarefas é uma. Exemplo: se estão num apartamento, ela pega o jornal no hall, ele, o delivery na portaria.

Outro? Ela passeia com o cachorro de dia, ele, à noite. Ela o leva à tosa e banho, ele, ao veterinário. Ela dá a ração, ele limpa os excrementos.

Com a repetição e o consenso, acomodam os conflitos e aumentam as chances de ser estabelecida a paz. Mas o que realmente ajuda uma relação é a alternância de quem escolhe o que fazer aos sábados.

Sábado à tarde.

Comida costuma causar muita polêmica, pois ele prefere sempre os mesmos restaurantes, e ela, o novo, restaurantes étnicos que saem nos guias, recomendados por críticos gastronômicos e colunas sociais.

Prático, ele gosta de rodízio. Especialmente de churrascarias. De dia ou de noite, não faz diferença: pede farofa com ovo e bacon. Gosta também de cantinas italianas tradicionais, daquelas com massas grossas e fartura de molho. Ele sempre pede torradas com alho de entrada. E polenta frita. Bebe refrigerantes. Ou caipirinha de limão com pinga mineira. Sem açúcar.

Já ela gosta de grelhados com salada, pratos com ricota, tomate picado e manjericão. Bebe suco. Ou caipirinha de frutas vermelhas com saquê. E adoçante.

Ele coloca manteiga no pão. Ela, azeite. Ele gosta de picanha. Ela, de paillard. Ele pede maionese extra. Ela pede para tirar. Ele pede espaguete. Ela, meio pene. Ele encara um carneiro com batatas. Ela prefere um atum ou salmão com brócolis.

No entanto, na sobremesa, a preocupação com a taxa de triglicerídeos inverte. Ele pede um café, ela, um petit gâteau com sorvete de creme, calda de chocolate extra e farofinha.

Sábado à noite.

O programa é cinema! Quando ele escolhe, geralmente são filmes de guerra, policial ou terror. Que concorrem a algum Oscar técnico: efeitos especiais, montagem, edição de som ou maquiagem.

Na fila do cinema, encontram o dentista, o professor de caratê da infância, filhos de amigos, a secretária da firma e o seu namorado forte, e um ex de quem ela nem lembra o nome.

Os protagonistas do filme têm tríceps, bíceps e deltoides bem trabalhados. E costumam exibi-los em camiseta regata. Têm barba bem-feita e seguram qualquer arma com intimidade, de um simples revólver a uma submetralhadora com mira a laser. Sabem onde destravá-las e como apontá-las. E só viajam de primeira classe.

Todos violentos. Todos com cenas de perseguição. Todos com heroínas loiras e saradas. As traições são resolvidas na porrada. A vingança? Dão um tiro na testa do infeliz. Sempre há em jogo uma maleta de dinheiro. Quando não, há uma maleta com uma bomba complexa.

Há vilão, e ele costuma ser feio. Ou tem uma deformidade de nascença ou uma deficiência adquirida. A grande ambição do protagonista não é uma lancha ou um avião particular, mas voltar para a paz da sua casinha com o seu cachorro labrador. A loira é detalhe. Ele sabe muito bem que, depois de suar em bicas, ela irá para os seus ombros salientes. Apesar de vestir a mesma camiseta.

O casal chama de "filme de menino".

São exibidos em salas enormes, as maiores dos shoppings, com tecnologia de ponta na compra de ingressos, poltronas, imagem e som digital. Até os estacionamentos têm guaritas com cancelas automáticas, daquelas que falam sozinhas.

Só o preço dos ingressos incomoda. Com o dinheiro que gastam, pagariam tranquilamente um combinado duplo num japa de respeito; sem modismos. Mas ela não reclama. Sugere o jantar num fast-food da praça de alimentação, para compensar o preju.

No outro fim de semana, a garota escolhe o filme. Geralmente foi premiado no festival de Cannes, Veneza ou Berlim. Tem bom roteiro, diálogos inteligentes e atores magros e pálidos. Os personagens não dão um tiro durante o filme. Se rolar uma arma, logo a dispensam: são da paz. E têm gatos.

Na fila do cinema, encontram o terapeuta, um colunista de jornal, pais de amigos, o dono da firma com a sua amante francesa, o professor de ioga, e o ex mais recente, que acabou de chegar do Nepal e tem mil novidades.

Ela gosta de filmes multiculturais que discutem preconceitos e tabus. Certamente, também exploram a relação amorosa, os seus caprichos e a relação entre pais e filhos. Existem amantes. As traições são resolvidas com muito papo.

Há referências históricas. São falados em espanhol, francês, árabe ou chinês. O enredo gira em torno de dilemas existenciais. Nos créditos, agradecem a vários institutos e parcerias. Não há uma distribuidora de peso por trás. O logo da produtora é antiquado e repleto de riscos.

Há cenas longas, escuras, filmadas por uma câmera que não sai do lugar. Os personagens não se vingam, conciliam-se. Estão sempre duros e não se xingam. A maior ambição é entender o sentido da vida. Viajam de classe econômica.

Os finais são em aberto. E ele sempre pergunta para ela o que, afinal, aconteceu. Ele não entende direito quem é o bem e quem é o mal. Sim, tais filmes não têm vilões. Aparentemente, o vilão está dentro de cada um nós: é a mensagem que querem passar.

O casal chama de "filme de menina".

São exibidos em salas pequenas, cinemas que parecem cineclubes, onde se estaciona na rua. A pipoca é amadora — fria e mole —, vendida por um pipoqueiro na calçada. As poltronas seguem uma moda retrô. Normalmente, têm a cor do vazamento do teto. O ar-condicionado é temperamental: muito frio em dia frio, e preguiçoso em dia quente.

Ao menos, sobra dinheiro para tomarem um saquê californiano no japa em questão.

É evidente que tudo isso não passa de um clichê barato, resultado de estereótipos e generalizações. Mas domingo não tem jeito: é sempre a mesma coisa.

Ela dorme pesado. Ele liga a tevê para ver a corrida. Ele toma café. Ela, chá. Ele faz um ovo frito. Ela toma iogurte que ativa o intestino. Ela demora horas no chuveiro. Ele, no toalete.

À tarde. Ela quer visitar a família. Ele, nem preciso falar: assinou o canal Pay-per-view do campeonato em disputa, logo... Para a sorte dele, começa a chover. Ela fica no telefone, ele na tevê.

À noite é batata, digo, pizza. Adivinha quem pede meia calabresa e quem pede meia rúcula com tomate seco?

# Grandes e tolas invenções da humanidade

**A Roda — Claro que** deveríamos começar por ela. Precisou ser inventada? Então não é a prova maior da inteligência do homem, mas da sua limitação. O inventor certamente ficou satisfeito com o feito. No entanto encostou o objeto na entrada da caverna, já que não sabia o que fazer com ele. Um dia, seu filho enfiou um graveto dentro da roda e saiu pela estepe assoviando e girando-a morro abaixo. Sim, já tinham inventado o assovio. Assim como tinham inventado o banho de mulheres no riacho, morro abaixo. Por isso, a roda foi novamente encostada. Até a invenção da biga e, depois, do cassino.

A Baliza — Outra estupidez inventada pelo Homo sapiens, difícil manobra para encaixar uma biga numa referência marcada, que costuma dar trabalho e danificar o próprio meio de transporte e o alheio. Não poderiam inventar uma vaga que desse para entrar de frente e sair de frente?

O Fogo — Rebate a minha teoria anterior e prova, sim, a grande capacidade do Homo sapiens, pois inventaram o fogo antes de inventarem o fósforo e o isqueiro, o que revela a dificuldade da empreitada e o quanto ele era mais talentoso e friorento do que o Homo neandertalense.

Deus — Sim, foi o homem quem O inventou, ou fomos inventados por Ele? A pergunta acompanha os filósofos desde antes da invenção da toga e do moussaka de berinjela. A única certeza que temos: é para quem a maioria dos jogadores de futebol aponta — e presta homenagens — quando marca um gol.

O Sexo — Deixando de lado dogmas religiosos e preceitos morais, como foi inventado o sexo? Um casal estava de bobeira no riacho, jogando conversa fora... Por que um resolveu ficar em cima do outro, debaixo de um sol escaldante? Eles queriam inventar a humanidade? Sabiam do resultado daquela diversão inédita e mais interessante do que caminhar com um graveto dentro da roda? A primeira gravidez foi prevista ou acidental? Aliás, arrependeram-se? E quanto tempo depois inventaram o orgasmo? E a DR (discussão de relação)?

Ivete — Também conhecida como pedra filosofal, que transforma metais inferiores em ouro. Não foi invenção de antigos alquimistas, mas de baianos. Ela pula, dança e canta em cima de um caminhão cercado por caixas acústicas. É bonita, atraente e alegra a todos. E vende cerveja, xampu, bancos, o que o cliente sugerir.

O Matrimônio — Como os inventores do sexo gostaram da sua invenção, inventaram o matrimônio — também conhecido como juntar os trapos —, para praticá-lo com mais frequência e privacidade.

Porta-Copos — É a criação mais tola da humanidade, inventada pelo casal que inventou o sexo, depois da invenção da roda, do assovio e do banho. É um pedaço de papelão cortado em forma de roda que virou objeto. A tão desprezada invenção tem uma única contribuição para a humanidade: facilitar para garçons a contagem de chopes.

Pôquer com Amigos — Inventado pela classe masculina de Homo sapiens, para se livrar das tensões periódicas da classe feminina de Homo sapiens. É um elemento de equilíbrio do matrimônio, aquele inventado após a invenção do sexo e do assovio. O sujeito se afasta por um período, acalma-se, e a companheira pode esbravejar à vontade, reclamar com todos das grosserias do marido e, eventualmente, sair na balada com a melhor amiga, seu namorado oito anos mais novo e os amigos solteiros do namorado da amiga. Às vezes, o elemento masculino que afirma que na quarta tem um pôquer com os amigos nem sabe jogar pôquer, nem tem amigos. É uma ótima desculpa para ele sair de casa, passear de biga sozinho, ouvindo o rádio no volume que desejar. Ou assoviar.

Prefeito — Forças do complexo jogo político o levam a administrar, de um dia para o outro, todas as cavernas, montanhas e riachos paulistanos, e iniciar uma operação limpeza das pinturas rupestres que excediam uma porcentagem das dimensões da fachada e, por fim, proibir as arruaças no riacho depois da meia-noite, que após a invenção do sexo passaram a atravessar as madrugadas.

Impressora — O elemento da informática mais complexo, temperamental, sensível, estranho, de atitudes impulsivas e descontroladas. Às vezes, imprime documentos há muito apagados. Às vezes, fica horas sem se mover. E quando não gosta de um documento, o engole. É o único aparelho eletroeletrônico que vem com TPM.

A Rolha — Invenção mais esperta da humanidade. Pois o seu inventor patenteou, uma semana depois, o saca-rolhas, e faturou em dobro.

Cigarro — Inventado após a invenção da roda, do assovio e do sexo. Para encobrir a falta de assunto que surgiu depois da primeira DR.

Serra — Como toda a invenção tem a sua contrainvenção, surgiu não para combater a roda ou o sexo, mas o cigarro, e inventar o prefeito.

Flor — Na verdade, não é uma invenção, mas um presente da natureza, que o homem não sabia se comia ou cheirava, até ser flagrado enquanto observava as mulheres tomarem banho no riacho. Ele apontou para as flores, como se estivesse ali para observá-las, e notou que as mulheres sorriram e o desculparam. Passou então toda presenteá-las, toda vez que fazia alguma coisa errada, especialmente depois da invenção do sexo, do matrimônio a da DR.

Bola — Invenção dos chineses. Que estavam tão interessados na invenção do sexo e da procriação, que a deixaram de lado. Só milênios depois, os ingleses, povo conhecido pela frieza e não afeição a contatos íntimos, resolveram dar umas bicas nela, para aliviar as tensões, e foi inventado o futebol.

O Impedimento — É um clichê afirmar que foi inventado para confundir as mulheres. Depois do advento do tira-teima, descobriu-se que o impedimento foi inventado para se inventar o bandeirinha e alimentar o debate em torno do ofício da sua mãe, entre os torcedores do alambrado, e polêmicas em mesas-redondas.

# O individualista

Percebe-se já na maternidade o bebê que tem no DNA as características de um individualista. Enquanto ele mama num bico, tapa com a mão o outro, para nenhum intruso cair em tentação. Seu choro é dos mais altos do bairro, já que ele exagera, para ocultar outros bebês que possam estar clamando atenção.

Suas primeiras palavras não são "ma-mã" nem "pa-pá", mas "be--bê", "eu que-lo", "mim gosta". Só depois, ele nota que existem outros seres ao redor e interage falando "meu ma-mã", "pa-pá do be-bê".

A bicicletinha do garoto individualista não vem com garupa, pois é só dele. A sua primeira mesa de botão vem só com um lado do campo, pois só ele pode jogar. A sua primeira mesa de pingue-pongue se chama na verdade mesa de pingue, pois ninguém dará o pongue. Seus esportes são correr, bicicleta e esteira. Para não passar uma bola para outrem.

Nas férias escolares, o ser individualista queima todos os seus livros didáticos do ano letivo que passou, para que ninguém possa usá--los. Ele fará faculdade de direito. Pretende seguir a carreira de juiz, pois quer mandar mais do que todos e julgar a humanidade. Se não conseguir passar nos exames, abrirá uma igreja.

O individualista é um indivíduo que renasce com força nos momentos econômicos favoráveis. Pois, ciente da oportunidade rara, ele aproveita os bons ventos para faturar e consumir, ignorando ideais humanistas, sentimentos altruístas, dispensáveis e piegas, vocações de tempos de crise, quando muitos se unem para combater o caos e as ameaças de desintegração da própria espécie, inclusive a dos individualistas.

Ele é obcecado por limpeza. Aplaude quando favelas são removidas e moradores de rua são retirados de praças e calçadas. Aplaude recapeamento de ruas e avenidas. Acredita que o melhor para o Brasil é a malha rodoviária, e não a ferroviária, já que o seu lema é "cada um que trace o seu próprio caminho e cuide do seu nariz". O individualista não usa transporte coletivo. Não faz greves nem manifestações. Participou apenas de uma passeata na Avenida Paulista, a do Movimento Basta de Impostos, preocupado com os tentáculos que o governo lança sobre o lucro da iniciativa privada.

O individualista odeia impostos. Todos eles. Acredita que não adianta pagá-los, pois a máquina burocrática pública come todo o dinheiro, sem contar as máfias organizadas em bolsões de corrupção e partidos políticos.

Atualmente, o individualista defende a privatização de todos os setores, até da saúde. Ele não fuma, não come queijos gordos e nem frutos do mar, bebe com moderação, faz exames periódicos na próstata e no cólon, por que deveria se preocupar (e pagar) por quem não cuida da própria saúde? Cada um com os seus problemas. Defende que cada indivíduo pague pela sua segurança (carros blindados, condomínios fechados) e pela saúde da família (previdência privada e planos de saúde), a entregar o montante ao funcionalismo público incompetente, preguiçoso, fantasma.

Aceita pagar pedágio, para não estragar a suspensão, amortece-dores e molas do seu carro blindado, que troca a cada dois anos.

O individualista não tem preconceitos. Mas nunca irá à Parada Gay, nem recomenda a nenhum dos seus filhos. O individualista matricula-os em escolas estrangeiras, pois os mesmos não merecem uma educação inferior, falada em português, idioma infeliz, de pouca repercussão nos negócios e na cultura, e devem, com certeza, exilar-se desse País sem futuro e fazer MBA ou pós fora daqui.

O individualista acha que o Brasil deveria dar um troco na Bolívia, depois que o país vizinho nacionalizou as "nossas" refinarias. Invadir e botar aqueles índios para tocar flauta nos Andes. Aproveita e expulsa aqueles que tocam no Glicério, defende. Ele é contra imigrantes. Contra o Mercosul. O Brasil deveria fazer como o Chile e se unir em bloco a quem interessa, os Estados Unidos. E, sim, mandar Chávez se calar, mas dessa vez em português claro: "Por que não cala a sua boca, mala?!"

O individualista vai ao teatro para assistir a musicais da Broadway; isso sim, espetáculo que entretém, com tecnologia e sofisticação, e não aquelas peças de hippies depravados, que ainda por cima usam dinheiro de incentivo fiscal para roubar e, com notas frias, comprar carros e casas à custa do erário.

O individualista não vê muitos filmes brasileiros, que considera amadores, sem efeitos especiais e com pouca ação. Mas adorou Tropa de Elite, que viu numa cópia pirateada por ele mesmo, num download de um torrent.

O individualista, apesar de individualista, adota tecnologia de ponta no seu dia a dia, uma contradição — ele não é retrô, mas bem antenado. O individualista já tem o conversor de alta definição na tevê de tela plana. A sua sala é um verdadeiro parque de exposição do que há de mais avançado em tecnologia de som e imagem. Porque o individualista prefere que sua família não dê mole em ruas e esquinas de uma cidade que perdeu o controle da violência urbana.

O individualista mora em condomínio fechado. Entregadores de pizza não entram nem a pau! Nem de chinês, japonês ou muito menos árabe. Nem motoboys. Nem o Correio entra. Os empregados domésticos têm crachás. Os visitantes são obrigados a posar para fotografias em cadastros digitais. Cada residência está conectada ao circuito fechado de tevê. Tela plana.

Cada vez que há uma visita, o individualista corre para conferir em sua tevê se a visita é quem afirma ser. É tão rigoroso com o zelo do seu patrimônio, que não autorizou a entrada da esposa, quando ela fez chapinha, confundindo-a com uma falsa doméstica que atacava de peruca pela redondeza.

O individualista morre de uma doença rara; não vai morrer de algo que qualquer um pega. E no seu velório aparece apenas um sujeito, que olha o caixão, as flores e a única faixa. É outro individualista, que diz: "Menos um."

# O começo do fim

**Quando um encontro vira paixão,** e paixão vira amor?

Sim, também procuro desvendar enigmas levantados por autores de autoajuda. Se encontro saídas para os impasses da consciência, procuro socorrer didaticamente o leitor, buscando o progresso do País e a elevação da condição humana, seja lá o que isso significa.

Quando você começa a sair com uma pessoa, os sentidos ficam aguçados, a linguagem corporal é observada: tique, jeito de andar, se sentar, pedir comida, cumprimentar o garçom, comer, entregar a chave para o manobrista, dirigir, respeitar a faixa de pedestre, vagas para deficientes e idosos, dar passagem e o pisca.

Checam-se gostos pessoais, figurino, lustre do sapato, tamanho do salto, autenticidade do relógio, joias e CDs do carro, marca do celular e o toque. Uma relação pode não dar certo se o toque de chamada for estridentemente musical ou o hino do time.

Os mais diretos perguntam logo no primeiro encontro quais as doenças recorrentes na família.

No fundo, desenvolve-se o instinto mais fundamental da espécie: procurarmos e selecionarmos o saudável parceiro reprodutor. Como a civilização avançou e instituiu rituais de acasalamento, nos perguntamos então se está ali a mulher [ou o homem] da nossa vida, com quem seremos fiéis na alegria e na tristeza, na saúde e na doença etc.

Muitos encontros são marcados por e-mails ou torpedos. E são baixas as chances de eles se realizarem, se uma das partes solta:

"Vou estar passando daqui a pouco."

"Vamos marcar para meio-dia e meio?"

"Pode ser amanhã? A tempos que naum me sinto tão mau. Deve ser o calor..."

"Vamos se falar amanhã então."

Bem. Neste caso, como são dois semianalfabetos tecnológicos, pode até dar certo.

Se a etapa da comunicação for vencida, algumas frases ditas entre o couvert e a sobremesa são suficientes para indicar que talvez ali, tomando aquele vinho caro, todo efusivo, não esteja o reprodutor [ou a reprodutriz] ideal:

"Tocantes as declarações de Ahmadinejad. Fala a verdade, alguém tem provas do holocausto? Isso é exagero dos judeus. Não tenho preconceitos. Minha dermo é judia. Se eu tivesse, nem deixava ela encostar em mim. Os melhores médicos são judeus. Fazer o quê?"

"Pra mim pagar essa conta, vai pesar no orçamento. Bebe este vinho com gosto, curtindo cada gota!"

"Saudades do Maluf. O cara mudou a cidade. Minhocão, Marginais. São Paulo ficou bem mais bonita."

"A nível de governo, na época do Quércia não tinha essa violência. Tem que colocar a Rota nas ruas! Rota, Exército, Marinha, Aeronáutica e a Guarda Florestal! Só tem animal solto por aí."

"Bom mesmo era na época da ditadura. Não tinha corrupção, o Brasil crescia, não tinha nada de sem-terra, sem-teto... Tudo mundo tinha alguma coisa."

"Uma vez fiz sexo com o time de futebol da faculdade. E não era o de salão. Nem estava bêbada."

"Desde que esses nordestinos vieram pra São Paulo, a cidade nunca mais foi a mesma."

"Tinham que jogar uma bomba em cada favela carioca, antes dos Jogos Olímpicos."

"Que ator é o Van Damme. Fora que é o mó gato. Ficaria com ele fácil. Só perde para o Steven Seagal, que é um ator mais denso."

"Quer ir lá em casa? Não tenho bebida. Mas chegou um carregamento da Colômbia. Purinha. Galera até soltou fogos."

"Eu transo sem camisinha. Mas tomo cuidado, transo com quem conheço. Eu confio nas minhas transas. Só quando vou no Carnaval pro sul da Bahia, aí, sei lá. Ah, pra que encanar com isso? Conhece Itabuna?"

"O melhor do Paulo Coelho é *Veronika Decide Morrer*, leu? O final é chocante. Ela não morre! Hi, contei o final..."

"Tenho piercing em cada orelha, na língua, no pescoço, nos bicos dos seios, no umbigo e... Terá que descobrir os outros. Tenho mais sete."

"Na minha casa ou na sua? Vou avisando que durmo na cama com meus quatro cachorrinhos. Ah, somos inseparáveis. São pit bull, mas são de confiança e não têm pulgas. Tudo bem, nem gostam de dormir de conchinha."

"Eu só viajo de primeira classe. Acho a comida da executiva um lixo. E o aperto?"

"Minha apneia do sono é grave, mas convivo numa boa com ela. A da minha avó é pior. Ela dorme na cama ao lado. E é sonâmbula. Doidona. Quer ir lá conhecer? Mas precisamos levar uma garrafa de Bell's. Ela só dorme com uísque nacional."

"Teatro só vou em Nova York. Vi *Cats* mais de vinte vezes. Acho que da última finalmente entendi o final. Mudou a minha vida."

"Mais gata que a Ivete só a Cláudia Leitte. E como cantam..."

"Meu sonho era entrar para o BBB, todo ano me inscrevo. Mas se rolar um teste pro programa *A Fazenda* também pego."

"Meu pai que é esperto, trabalhou com o PC Farias, Daniel Dantas, Celso Pitta, Marcos Valério. Cresci com esses caras lá em casa, jogando truco. Agora, meu pai quer abrir uma offshore comigo no Caribe. Sou um laranja dele desde pequenininho. E ano que vem tem eleições."

"O filme da minha vida é *O Guarda-Costas*, com Whitney Houston e Kevin Costner. Aliás, o disco dela não sai do meu carro. Tô louco pra comprar o DVD em que ela canta com a Mariah Carey. Animal, né? Adoro aquela. Canta comigo *I'll Always Love You*..."

Neste caso, rache a conta e saia fora.

# Acontece que...

**O que acontece? Quando ainda** estão no carro, voltando de um jantar com amigos, já aparecem os comentários: "Bebi muito"; "Deu um sono"; "Amanhã tenho um dia tão difícil..." E nem deu meia-noite. É o código. Hoje não rola. Como ontem, como antes...

Cruzam a garagem rapidamente, atacados pela corrente de vento gelado. Nem encaram o porteiro. No elevador, cada um num canto. Ele quem aperta o botão do andar. Sempre é ele quem aperta, ela reparou. Ele que comanda. Gosta de. Ele quem dirige, atende o interfone, pega o jornal às manhãs, decide as férias, se está frio, se devem trocar de carro, de aparelhos de tevê, DVD, MP3.

Não estão nada bêbados. Poucas taças. Entram em casa e se separam. Cada um tem o seu ritual de dispersão, encerrar o dia, organizar, recolocar. Ela checa os e-mails e a ração para os gatos. Ele lista os afazeres da empregada, fica pouco tempo no banheiro, se joga na cama e liga a tevê.

Ela ainda toma um banho. Gasta alguns minutos se lambuzando com cremes. Checa cutículas indesejáveis, passeia os olhos pelo espelho de corpo inteiro: a frente e as costas, os cotovelos e as pernas. Seca o cabelo com um secador barulhento — o síndico irá reclamar um dia.

Entra no quarto. Ele dorme com o controle remoto na mão. Ela desliga apertando o botão da própria tevê, desliga o abajur, vai para o seu lado da cama e se deita no escuro. Coloca um travesseiro entre as pernas. Escuta um caminhão ao longe. Amanhã tem feira. A criança do vizinho chora, e um alarme dispara.

Um está de costas para o outro. Dorme? Não, porque ele ainda diz: "Boa noite." Ela responde com um grunhido simpático, fica ainda um bom tempo de olhos abertos. E se pergunta: O que acontece?

Acontece que, estranhamente, ela precisa de colo. Que ela não sente mais aquele frisson quando cruza a garagem do prédio. Porque não o provoca mais no elevador, ignorando a câmera, desabotoando a camisa dele, esfregando o joelho nele, apalpando-o, assim que ele aperta o botão. Acontece que eles não se beijam mais quando entram em casa, não escutam uma música no escuro, que ela não senta no colo dele diante do computador, nem tomam banho juntos. Acontece que ela não olha mais para o espelho para checar o que irá mostrar daqui a pouco, nem planeja como entrar no quarto, para se oferecer enrolada numa toalha, engatinhar pela cama, roçar o nariz na perna dele, lamber do umbigo até a boca, deitar sobre ele como um cobertor, morder o seu pescoço, sua nuca, seu ombro. Acontece que ela não apagaria aquela tevê, nem a luz, nem a noite. E ele nem diria boa noite, mas bem-vinda. E depois de tudo, sim, dormiriam pesadamente; nenhum alarme, criança ou caminhão seriam notados.

Acontece que ela acordaria, e ele estaria ainda na cama. Acontece que ele não comenta mais a cor da sua calcinha, do seu esmalte, dos seus olhos. Acontece que ele não a elogia mais, não surpreende, não desafia, nem provoca, não confunde as palavras, nem engasga quando ela aparece de toalha, não corre mais atrás dela, não a acorda em cima dela, como uma manta, não abraça como uma toalha, não abriga como água quente.

Acontece que ele já saiu, quando ela se levantou da cama de manhã. Nenhum post está fixado, com algum carinho escrito. Nem rascunho de bilhete existe. Ele não irá mandar um torpedo do trabalho, nem um e-mail. Hoje em dia, quando viaja, não liga para dizer se houve turbulência, se o hotel é legal, se está nevando ou um sol de rachar.

Acontece que há tempos não repartem um cigarro, não se perdem por uma estrada de terra, não discutem se o que veem é um disco voador ou um satélite espião russo. Acontece que ele não a espia mais pelo buraco da fechadura, não tira fotos dela se enxugando no espelho, não dá sustos quando ela tem soluços, não beija os seus pés, não conta as suas pintinhas, não canta em voz alta pela casa, não a acorda lambendo a orelha dela.

Acontece que há muito não saem os dois sozinhos, e entram num filme sem saber o que a crítica achou. Sem lerem os créditos, sentados na última fileira, se tocando, se beijando. Acontece que eles não repartem mais a pipoca, o refrigerante zero, o drops. Acontece que o diferente virou eventual, a rotina, habitual. Que todo desconhecido já se revelou, que a surpresa é predita, que o consumado é fato, o previsível, farto, e o pressuposto, preposto.

O que acontece é que ela sente falta de ser notada e elogiada dentro de casa. De ter calafrios. De sentir a pele esquentar. Acontece que ultimamente ela se veste para ninguém. Que ela nem liga mais o rádio do carro. Que não a comove o xaveco no elevador do escritório. Que só troca e-mails de trabalho. Que ela almoça massa, se entope de pão e ainda se delicia com sorvete com caldas. E agora costuma pedir chantilly no café.

O que acontece com ela, que nem tinge mais o cabelo, falta à natação, não corre com as amigas, não compra sapatos, não troca a lente dos óculos riscada, não recebe mensagens românticas pelo celular?

Acontece que o incêndio se acomodou. Ela não se pergunta se é assim que tem que ser. Acontece. É cíclico, ouviu dizer. Pode ser que melhore. Por que perder o fôlego toda vez que o encontra? Já passou. Viva outra fase. Afaste essa vaidade. Não seja carente. Encare os fatos. A vida é assim. É?

# Caros generais, almirantes e brigadeiros
## [baseado em história real]

Eu ia dizer "caros milicos". Não sei se é um termo ofensivo. Estigmatizado é. Preciso enumerar as razões?

Parte da sociedade civil quer rever a Lei da Anistia. Sugeriram a Comissão da Verdade, no desastroso Programa Nacional de Direitos Humanos, que Lula assinou sem ler. Vocês ameaçaram abandonar o governo, caso fosse aprovado.

Na Argentina, Espanha, Portugal, Chile, a anistia a militares envolvidos em crimes contra a humanidade foi revista. Há interesse para uma democracia em purificar o passado.

Aqui, teimam em não abrir mão do perdão. E têm aliados fortes, como o presidente do Supremo, Gilmar Mendes, e o ministro da Defesa, Nelson Jobim, que apesar de civil apareceu num patético uniforme de combate na volta do Haiti. Parecia um clown.

Vocês pertencem a uma nova geração de generais, almirantes, tenentes-brigadeiros. Eram jovens durante a ditadura. Devem ter navegado na contracultura, dançado Raul Seixas, tropicalistas. Usaram cabelos compridos, jeans desbotados? Namoraram ouvindo bossa nova? Assistiram aos filmes do cinema novo?

Sabemos que quem mais sofreu repressão depois do Golpe de 64 foram justamente os militares. Muitos foram presos e cassados. Havia até uma organização guerrilheira, a VPR, composta só por militares contra o regime.

Por que abrigar torturadores? Por que não colocá-los num banco de réus, um Tribunal de Nuremberg? Por que não limpar a fama da corporação?

Não se comparem a eles. Não devem nada a eles, que sujaram o nome das Forças Armadas. Vocês devem seguir uma tradição que nos honra, garantiu a República, o fim da ditadura de Getúlio, depois de combater os nazistas, e que hoje lidera a campanha no Haiti.

Sei que nossa relação, que começou quando eu tinha 5 anos, foi contaminada por abusos e absurdos. Culpa da polarização ideológica da época.

Seus antecessores cassaram o meu pai, deputado federal de 34 anos, no Golpe de 64, logo no primeiro Ato Institucional. Pois ele era relator de uma CPI que investigava o dinheiro da CIA para a preparação do golpe, interrogou militares, mostrou cheques depositados em contas para financiar a campanha anticomunista. Sabiam que meu pai nem era comunista?

Ele tentou fugir de Brasília, quando cercaram a cidade. Entrou num teco-teco, decolou, mas ameaçaram derrubar o avião. Ele pousou, saltou do avião ainda em movimento e correu pelo cerrado, sob balas.

Pulou o muro da embaixada da Iugoslávia e lá ficou, meses, até receber o salvo-conduto e se exilar. Passei meu aniversário de 5 anos nessa embaixada. Festão. Achávamos que a ditadura não ia durar. Que ironia...

Da Europa, meu pai enviou uma emocionante carta aos filhos, explicando o que tinha acontecido. Chamava alguns de vocês de "gorilas". Ri muito quando a recebi.

Ainda era 1964, a família imaginava que fosse preciso partir para o exílio e se juntar na França, quando ele entrou clandestinamente no Brasil.

Num voo para o Uruguai, que fazia escala no Rio, pediu para comprar cigarros e cruzou portas, até cair na rua, pegar um táxi e aparecer de surpresa em casa. Naquela época, o controle de passageiros era amador.

Mas veio a luta armada, os primeiros sequestros, e atuavam justamente os filhos dos amigos e seus eleitores — ele foi eleito deputado em 1962 pelos estudantes.

A barra pesou com o AI-5, a repressão caiu matando, e muitos vinham pedir abrigo, grana para fugir. Ele conhecia rotas de fuga. Tinha um aviãozinho. Fernando Gasparian, o melhor amigo dele, sabia que ambos estavam sendo seguidos e fugiu para a Inglaterra. Alertou o meu pai, que continuou no País.

Em 20 de janeiro de 1971, feriado, deu praia. Alguns de vocês invadiram a nossa casa de manhã, apontaram metralhadoras. Depois, se acalmaram.

Ficamos com eles 24 horas. Até jogamos baralho. Não pareciam assustadores. Não tive medo. Eram tensos, mas brasileiros normais.

Levaram o meu pai, minha mãe e minha irmã Eliana, de 14 anos. Ele foi torturado e morto na dependência de vocês. A minha mãe ficou presa por 13 dias, e minha irmã, um dia.

Sumiram com o corpo dele, inventaram uma farsa [a de que ele tinha fugido] e não se falou mais no assunto.

Quando, aos 17 anos, fui me alistar na sede do Segundo Exército, vivi a humilhação de todos os moleques: nos obrigaram a ficar nus e a correr pelo campo. Era inverno.

Na ficha, eu deveria preencher se o pai era vivo ou morto. Na época, varão de família era dispensado. Não havia espaço para "desaparecido". Deixei em branco.

Levei uma dura do oficial. Não resisti: "Vocês devem saber melhor do que eu se está vivo." Silêncio na sala. Foram consultar um superior. Voltaram sem graça, carimbaram a minha ficha, "dispensado", e saí de lá com a alma lavada.

Então, só em 1996, depois de um decreto-lei do Fernando Henrique, amigo de pôquer do meu pai, o Governo Brasileiro assumiu a responsabilidade sobre os desaparecidos e nos entregou um atestado de óbito.

Até hoje não sabemos o que aconteceu, onde o enterraram e por quê? Meu pai era contra a luta armada. Sabemos que, antes de começarem a sessão de tortura, o Brigadeiro Burnier lhe disse: "Enfim, deputadozinho, vamos tirar nossas diferenças."

Isso tudo já faz quase 40 anos. A Lei da Anistia, aprovada ainda durante a ditadura, com um Congresso engessado pelo Pacote de Abril, senadores biônicos, não eleitos pelo povo, garante o perdão aos colegas de vocês que participaram da tortura.

Qual o sentido de ter torturadores entre seus pares? Livrem-se deles. Coragem.

# O abraço
## [baseado em história real]

**Com o tempo, filhos aprendem** a cuidar dos pais. Adquirem outro papel: sustentar, tratar ou até interditar. Na reaproximação familiar, muitas descobertas ajudam a reescrever nossas histórias. É a chance, talvez a última, de esclarecermos certos fatos. Elaboramos a vida, convivendo com o envelhecimento deles.

Outro dia, minha mãe revelou detalhes de uma passagem, talvez a mais marcante.

Ela ficou viúva aos 41 anos. Era uma jovem bonita, que encantava com seu jeito italiano do sul — pele morena e olhos claros, em que misturavam dor e consignação.

Eu não me identificava com colegas, que reclamavam do conservadorismo dos pais. Minha mãe tinha amigos "avançados". Frequentavam a minha casa Lygia Fagundes Telles, Renina Katz, Danda Prado, os editores Caio Graco e Fernando Gasparian, os intelectuais Antonio Candido, Paulo Francis, José Mindlin, Edla e Sábato Magaldi, sem contar inúmeros políticos cassados, ex-exilados e jornalistas em busca de notícia. Havia visitas de correspondentes estrangeiros, representantes de organizações de direitos humanos e de outros governos.

Ali estava um ícone da ditadura, prova bem articulada que contestava a versão oficial de que no Brasil não havia tortura ou desaparecimento político. Minha mãe viva negava a mentira criada pelos países do Cone Sul.

O entra e sai era tamanho, que ela não tinha tempo para futilidades, como reprimir filhas trancadas com namorados.

Me flagrou fumando maconha na adolescência. Com a cabeça ocupada, deixou barato. Sabia que eu roubava o seu carro antes de tirar carta. Não reclamava. Viu as inconsequências da minha vida de moleque com ódio do mundo — desde cedo apontado nas escolas como "o filho do desaparecido", temido em alguns lares, que não queriam se envolver com "subversivos".

Fui um garoto vigiado a distância por professores, diretores, bedéis. Mudava de casa a cada ano, de cidade a cada três.

No entanto, assistir à sua atuação me ensinou a não alimentar revanchismos. Ao invés de se fazer de vítima, ela falava de um contexto maior, entendia a conjuntura do continente, sabia ser parte de uma luta ideológica. Era mais uma Maria (Maria Eunice), cantada por Elis Regina em *O Bêbado e A Equilibrista* ("choram Marias e Clarisses, no solo do Brasil...").

Nunca se deixou cair no pieguismo, não perdeu o controle diante de câmeras, nem vestiu uma camiseta com o rosto do marido desaparecido. Não culpou esse ou aquele, mas o todo. Não temeu pela vida. Lutou com palavras.

Os familiares de desaparecidos viviam num limbo civil. A burocracia engessava atividades corriqueiras: não podíamos resgatar seguros, aplicações, aposentadorias, vender imóveis ou abrir inventários.

Em 1994, tomou posse Fernando Henrique Cardoso, que tinha um grande amigo desaparecido em 1971, meu pai. Eu morava em

Stanford (EUA) e aprendia, com acadêmicos orientados por ele, que um país para se redemocratizar precisa reconhecer desaparecidos, punir torturadores e ter controle civil sobre militares.

Minha mãe foi me visitar e mostrou a *Veja* que dizia que o então secretário da Anistia Internacional, o senegalês Pierre Sané, fora ignorado pelo novo governo, quando defendeu uma solução para os desaparecidos. "É um passado complicado de remexer, que incomoda muitos setores", teria dito FHC.

Furioso, decidi escrever uma carta à revista. Minha mãe me lembrou o texto *Sem Esquecimento*, publicado em 1981 na *Folha de S.Paulo*, pelo colunista Fernando Henrique Cardoso, que defendia o reconhecimento dos desaparecidos. "Somos sobreviventes e temos responsabilidade: assegurar que nada disso se repita", ele escrevera.

Os amigos da *Veja* Paulo Moreira Leite e Mário Sérgio Conti deram destaque à minha carta em maio de 1995. Eu confessava a minha indignação e citava a coluna escrita por Fernando Henrique. Ao final, eu perguntava como o cidadão brasileiro podia estar seguro, já que o autor, ao chegar à presidência, revelava receio.

Peguei pesado demais. Era a minha chance. A repercussão foi imediata. O projeto da Lei dos Desaparecidos foi enviado ao Congresso e aprovado em tempo recorde. Foi sancionada pelo presidente quatro meses depois da minha carta.

Estava lá, na cerimônia no Planalto, ao lado dele, a minha mãe. Ao final, ela se levantou e abraçou o amigo Fernando e depois o general Alberto Cardoso, Chefe da Casa Militar. Foi a foto de capa dos jornais brasileiros do dia seguinte.

Disse o general ao jornalista Emanuel Neri: "Eu a conheci ali, pouco antes da cerimônia. Me impressionou o equilíbrio e a simpatia daquela senhora, que, logicamente muito machucada, não exibiu o menor rancor. No abraço, eu senti que ela estava emocionada. O meu abraço foi espontâneo, nada programado. Quando vi, me assustei, mas depois vi que naquela foto o mais importante não era eu estar ali, mas sim o simbolismo. O triângulo ali exposto representava bem a reconciliação. Depois, recebi cumprimentos de colegas de farda."

Recentemente, relembrei o abraço. Minha mãe confessou: "Acabou a cerimônia, virei para o lado, vi o Fernando, e o abracei como uma amiga, virei para o outro, estava o general, eu não sabia o que fazer e o abracei também."

O abraço não fora premeditado, protocolar, mas sem querer. O que amplia a sua autenticidade, descobri anos depois.

A Comissão dos Desaparecidos criada pela lei seguiu em frente, com a participação dos militares. Conseguiu julgar casos polêmicos, como o de Carlos Lamarca. Porém, a transição não se completou. Rediscutimos a punição a torturadores e a abertura dos arquivos, ou o abraço foi unilateral?

A recente guerra entre as duas polícias no Palácio dos Bandeirantes — uma militar, sem treinamento apropriado, e outra descumprindo a lei — é fruto desse passado em que a violência foi incorporada em detrimento da inteligência.

Existem outras prioridades, defendem alguns, como o combate à violência urbana. Mas a cometida contra a gente no dia a dia não está relacionada a uma polícia malconduzida, patrocinada por um Estado que, sem julgar os excessos do passado, nos dá a sensação de anarquia e impunidade?

# Rixa entre torcidas vence guerra

**Vera Paiva, minha irmã mais** velha de apelido Veroca, foi durante anos uma famosa líder dos estudantes; "baderneira", diriam os jornais da época. Na segunda metade dos anos 70, período da reconstrução do movimento estudantil, não havia um universitário que não conhecesse ou admirasse aquela estudante de psicologia da USP que, com a voz rouca e os braços bem abertos, como uma grande mãe, ganhava a maioria dos votos das assembleias; há uma foto no livro sobre o histórico congresso em Salvador que reconstruiu a UNE (1978), com a sua típica pose dos braços abertos, em que ela parece abraçar todo o plenário, com os estudantes sentados, atentos às suas palavras.

Erasmo Dias, quando invadiu a PUC de São Paulo para acabar com o congresso que preparava o de Salvador, ia de sala em sala bufando: "Onde está a Veroca?" — ela havia fugido minutos antes, escapando da prisão. Foi quando os jornais a descobriram. Por tempos, deixei de ser o filho de Rubens Paiva para ser um irmão da Veroca.

Muito antes, em 1971, chegamos a estudar no mesmo Colégio Andrews, do Rio, notório por sua vocação reacionária. Uma misteriosa campanha mobilizou meus coleguinhas. Latas com as cores dos times do Rio foram espalhadas por todo o colégio. A lata que arrecadasse mais dinheiro em um mês provaria que seu time tinha a maior torcida. Durante o período, foi um tal de colocar dinheiro na lata do time preferido. Não se falou em outra coisa; muitos pais adiantaram as mesadas para honrar os times dos filhos. As latas ficavam abarrotadas, e eram logo substituídas. Sobre cada uma, o aviso: "Este dinheiro é para ajudar o povo do Vietnã em sua luta contra os americanos."

Uma noite, chegando em casa, surpreendi Veroca, com seus 15 anos, confeccionando as latas. Era dela a ideia. Fiquei orgulhoso em saber que a campanha que tinha virado o colégio de cabeça pra baixo viera de minha irmã. Final da história: foi arrecadado um dinheirão, o Flamengo venceu e o embaixador do Vietnã no Brasil recebeu, num envelope, uma fortuna em trocados para ajudar seu povo. De fato, o Vietnã derrotou os americanos. Será que o dinheiro ajudou?

# A memória fica
## [baseado em história real]

**Meu avô Paiva comprou uma** fazenda rústica em Eldorado Paulista, cidade fundada por garimpeiros, às margens do Rio Ribeira. No começo, para se chegar lá, só de canoa.

Seguiam de trem até o Vale do Ribeira. Lá, subiam o rio num barco que mais parecia uma balsa, daqueles que cruzavam o rio Mississipi.

Minha avó, com seis filhos pequenos, da elite de Sorocaba, não se conformava com o risco que corriam. Mesmo assim, meu avô teimou: era uma região primitiva, de florestas intactas, montanhas e rios limpos, plantações de banana e pouco povoada.

Meu pai e meus cinco tios passaram a infância lá. Pouco a pouco, o progresso chegou. Asfaltaram a BR-116 até Curitiba. Para se chegar na fazenda de carro, pegávamos então uma estrada de terra em Jacupiranga. Que hoje está asfaltada.

A modesta casa de pau a pique cresceu. Virou um casarão com muitos quartos. Ganhou piscina e um lago represado barrento, em que vivia um jacaré, dizia-se. Boato só revelado recentemente. Era para que as crianças não se arriscassem muito e não nadassem até a margem oposta.

O problema foi que fugir do jacaré mitológico passou a ser uma espécie de batismo e desafio da molecada. Cruzávamos o lago temendo o pior, chegávamos à outra margem e voltávamos a jato, com medo de sermos mordidos nos pés, apenas para provarmos o quanto fortes e corajosos éramos.

A família cresceu. Ao todo, dávamos 23 netos, com pouca diferença de idade, em que me incluo. A maioria foi batizada na pequena capela construída anexa. Nesse paraíso distante, passei a infância e adolescência, como meu pai.

Não havia telefone, tevê. De dia, a criançada se entretinha na piscina, no lago, nas areias de praia do rio gelado e de águas transparentes, andava a cavalo pelas matas intactas, tocava a boiada com os vaqueiros. Ficávamos soltos. Com cada pequeno vigiando outro. Eventualmente, alguém rolava uma cachoeira. Só então um adulto era requisitado, para levar o ferido ao hospital mais perto — Iguape, a 80 quilômetros.

Às noites, os adultos iam para a sala de estar do meu avô, com poltronas de couro, tapetes chineses, lareira. Só maiores de 14 anos tinham a permissão de entrar lá. Quando os netos começaram a fazer 14 anos, a regra mudou. Só maiores de 18 teriam então o privilégio de testemunhar a noitada dos adultos.

Nos restava o terraço de jogos. Lá, as brincadeiras de salão eram organizadas pelas tias e primos mais animados e criativos. Fazíamos coral, com músicas da Jovem Guarda. Peças de teatro, em que representávamos histórias e lendas da família. Jogos de adivinhação. E cedo íamos para a cama, para, antes de o sol nascer, bebermos leite diretamente da vaca na cocheira ao lado.

A cidade de Eldorado ficava a 2 quilômetros. Se, animados, percorríamos a pé, todos os primos, cantando, para sorvetes, um rolé pela praça central, visitar amigos, comprar varas de pescar e quem sabe arriscar uma sessão no único cinema da região. Procissões em feriados religiosos, não perdíamos uma. E arriscávamos nos misturar entre os campos de pelada.

Era a rotina dos três meses de férias de verão, que ganhávamos de presente. Nem todos os pais ficavam conosco. Deixavam a molecada lá, sob o comando da minha avó, sempre a mais animada e brincalhona, e só apareciam no Natal.

Então, a grande festa era organizada. Apenas no Natal era permitida a entrada de toda a criançada na misteriosa e imponente sala. Contávamos os dias com ansiedade. Vestíamos a melhor roupa. Abriam-se as portas. E, solenemente, entrávamos, finalmente, naquele templo sagrado, em que os adultos passavam as noites debatendo sobre os mistérios dos negócios e da vida.

Num piano de cauda, eles se revezavam: Chopin, Beethoven, marchinhas de carnaval, choros. Bossa nova? Não, muito ousada. Só minhas primas mais velhas tocavam no violão, que aprendiam nas férias com o professor e único músico de Eldorado, por quem todas eram apaixonadas. Cada um exibia o seu dote. E, claro, rolava o Bife, música infantil que todos sabiam tocar. Muitas mãozinhas apertavam juntas aquelas teclas. Revezavam-se. Batucavam.

O grande momento era, enfim, abrirmos os presentes. Embrulhados e secretos, ao redor de um pinheiro plantado na própria fazenda. Brinquedos chineses, alemães, caros, sofisticados. Cada tio trazia mais de trinta presentes na vinda. Cada neto ganhava um presente pensado e escolhido apenas para ele. Não repetiam os mimos. No meu caso, como havia seis primos da mesma idade, os brinquedos eram semelhantes aos dos outros, mas cada um, personalizado. Que vidão...

Para mim, toda criança tinha direito a uma vida como aquela. Não sei como alguém é capaz de aprender, sobreviver e trocar experiências, gerar filhos, ter paz espiritual, ser completo e virtuoso, se não vivenciou uma rotina no campo com muitos primos, abraçado por sua família, mimado e seguro, sem cruzar a névoa matinal de um vale, sem contar estrelas cadentes, sem sentir na pele as águas geladas de um rio ou os pelos de um cavalo entre as pernas. Teria sido eu uma das crianças mais felizes de todas?

Porém, a cortina se abriu, e começou o terceiro ato do espetáculo do destino. Meu pai, meu tio mais velho e meu avô morreram no mesmo ano. Um terremoto abriu uma fenda em nossos corações. O sentido de tudo se modificou. Perguntamos o que alimentou uma vingança caprichada e cruel. O que fez os deuses da felicidade se voltarem contra nós.

A família entrou em crise financeira. Os bens começaram a ser vendidos. A grama deixou de ser aparada. O gado morreu doente. O rio ficou poluído. A areia de suas praias, vendidas para a construção do progresso. E, por fim, ousaram vender aquela fazenda tão fundamental para a vida de cada um.

Intrusos viveram nela. Modificaram a sua essência e até as cores das paredes. Chegou a televisão, o telefone, a internet na região. Até uma pequena favela foi levantada na outra margem do rio.

No entanto, o céu é o mesmo. As montanhas ainda estão cobertas pela mata densa. O professor de violão ainda mora lá. Não deve ter tantas apaixonadas como antes, e deve ensinar também Renato Russo e Cazuza. E a memória fica. Não existe força do Universo que a elimine. Memória igual à alma. É pura, transparente e imortal. Não se apaga. Lembrar não tem preço.

# Ser rico

**Uma fábrica seduz as crianças.** Seus tijolos são ordenados como brinquedos de montar. Os espaços amplos lembram um parque. As máquinas fascinam, pois giram e encaixam, como um jogo Lego. Hipnotizam as precisões. Elas esticam fibras, moldam. Placas neutras viram coisas. Tintas colorem. Os operários fazem gestos mecanizados. Os robôs lembram os desenhos animados e os bonecos Transformers.

Empilhadeiras têm um design divertido. São fortes, potentes. O ritmo alucinante é como o de um recreio. Mas há ordem, organização. Todos usam capacetes divertidos. Parecem brincar de fazer coisas.

Um dos pontos altos das escolas do passado era a visita à fábrica da Coca-Cola. Nossa maior fonte de prazer, a garrafa de refrigerante, aparecia enfileirada.

Elas corriam numa esteira. Uma a uma, eram preenchidas e lacradas. Ao final, estavam prontas para serem consumidas.

Galões e galões do néctar e do xarope, com torneirinhas, davam inveja. Queríamos um daquele lá em casa. E ganhávamos brindes inesquecíveis: chaveiros, bonés, folhetos, simulacros de garrafinhas.

Tanto quanto a um museu, uma visita a uma fábrica ensinava, divertia, despertava. Mas pergunte a uma criança o que ela quer ser quando crescer?

Mesmo as ricas, não sonham em ser empresários, executivos, donos. A maioria dos meninos quer ser bombeiro, motorista. As meninas, aeromoça, secretária, enfermeira. Gostamos de brincar com soldadinhos, cavalos, tratores, carrinhos, ônibus. Elas, de boneca, casinha. Têm panelinhas que simulam uma cozinha.

Para a criança, a simplicidade dos funcionários do prédio, dos domésticos, o mundo dos homens e das mulheres comuns, interessa mais do que o do Poder. Exercemos no dia a dia um aprendizado do que é a tarefa doméstica, de como ajudar. Ser rico deve ser muito chato, pensa a maioria das crianças.

Empreender, organizar são verbos que não combinam com a natureza infantil. Deveríamos observar melhor onde se dá a perda da inocência, para voltarmos a adquirir o que há de sedutor em ser um simples mortal.

# Jogar botão

Por que jogávamos botão? Porque somos loucos por futebol. Porque se joga com a turma. Porque se joga com primos, pais, irmãos, tios, avós, amigos. Porque se joga sozinho. Se joga na mesa da sala, onde a família se reúne. Ou no chão do quarto, quando a família se reúne. Se o chão estiver sendo lustrado, se joga na garagem, no hall do elevador, na calçada.

Alguns amigos têm mesas próprias. Cada casa tem a sua regra. Muitas vezes, as discussões sobre elas demandam mais tempo do que o próprio jogo. Mas há uma ética: a regra do visitante não vale na casa do outro.

Há jogos em que cada jogador só pode tocar uma vez na bola. Há aqueles em que se pode tocar no máximo três vezes. E há o jogador, como Maradona, que pode sair da própria intermediária, driblar todo o time adversário e entrar com bola e tudo. Uma regra é a mesma em todos os lares: é preciso avisar "vai pro gol", para o goleiro do outro time ser posicionado.

Cada cidade tem o seu jeito de jogar. No Rio, jogava-se com um dadinho, comprado em qualquer papelaria. Parece coisa de maluco, jogar com uma bola quadrada. Mas ela dá efeito, é rápida, voa, como se estivéssemos no estádio de La Paz (Bolívia). No Rio, o galalite era o material do jogador. Cada um de uma cor, brilhante como madrepérola, devia ser lixado antes, para correr como um recordista de 100 metros. Os atacantes eram menores. Os beques, altos. O goleiro? Chumbo derretido, enfiado em caixa de fósforo.

Em Santos, jogava-se com tampas de relógio. As de despertador viravam beques. As de pulso, atacantes hábeis. Toda molecada fazia incursões pelos relojoeiros do Centro, em busca de grandes craques. Mas a bola era quase redonda: a peça do jogo War.

Já em São Paulo, se jogava com bolas de feltro, esféricas, mas lentas, que corriam desengonçadas, e por vezes eram amassadas, vítimas de um pisão involuntário.

Sozinhos, treinávamos. Jogávamos nós contra nós. Fazíamos campeonatos com tabela e torcida. E, claro, narrávamos, como um locutor de rádio esbaforido. O som da torcida era confundido com a asma do avô.

Alguns tinham a manha de manufaturar arquibancadas com caixas de sapatos, desenhar torcedores, bandeiras e faixas.

Como qualquer técnico, tínhamos os jogadores favoritos, o artilheiro, o Bola de Ouro, guardados em caixas separadas e tratados com cuidado, como se fossem nosso maior bem. Na dureza, poderíamos até vender o craque para um amigo.

Amadurecemos e nos esquecemos deles. Mas pode checar: em cada casa, em cada fundo de armário, está lá, o time intacto, hibernando pacientemente, esperando enlouquecermos, para voltarmos a jogar com eles.

# Vou largar tudo para tocar pandeiro no Titãs

Se por uma sorte eu ficar na frente de Marisa Monte, darei um tiro na cabeça e, antes de morrer, balbuciarei: "Você é tudo, eu sou nada." De noite, na cama, fico pensando naqueles que conseguem ser mais que simples mortais como eu, como você, como a maioria. Por que não nasci belo, completo, moderno e chique? Por que pertenço à massa duvidosa que duela com a própria imagem em frente ao espelho, se punindo por ser apenas mais um, entre tantos anônimos, inúteis passageiros, quando podia ter nascido Caetano Veloso, Guimarães Rosa, Marisa Monte ou um dos Titãs? Por que não cheguei aos pés deles, nasci isso, essa coisa, coisa boba, pequena mostra do que as musas propõem? Ofereceram-me a vida, e desperdicei a chance de ser um Nijinski, um Fellini, um Titã do Iê-Iê-Iê.

Conheço os Titãs há tempos. São bons. Nascemos na mesma praia. Alguns, amigos de infância. Algumas namoradas em comum. Assisti ao primeiro show, no Sesc; capenga, ingênuo, fazendo cover da propaganda "A baratinha só pensa em DDD". Mas o tempo aumentou a distância. Numa viagem para Brasília, embarcamos no mesmo avião. Iriam dar um show num ginásio. Eu, participar de uma feira de livros. Aos 28 anos, perto deles, já me sentia um intelectual velho, amassado pelos conceitos; até hoje não me livrei da bengala acadêmica, frequentando aulas de mestrado, buscando aprender algo que talvez não possa ser ensinado, sem nunca me sentir assado ao ponto. No desembarque, meu amigo Ivan, velho boêmio, baixo, barrigudo, feio como eu, me esperando numa alegria literária, ansioso por me mostrar os novos bares da cidade. Havia 13 garotas, as mais bonitas e gostosas de Brasília; muito arrumadinhas e perfumadas; cabelos esvoaçantes; ansiosas para o amor. Pergunto a elas o que faziam no aeroporto. Esperavam os Titãs, lógico. Olhei para a barriga do meu cicerone e senti a amargura de não ter nascido um Titã.

Eu queria ser um deles, segurar uma guitarra e fazer cara de mau, ter o camarim cheio de chiques e modernos, frequentar a MTV, ser bajulado por poetas concretistas que já bajularam os tropicalistas e são mestres na arte de bajular os seus seguidores, como se Deus devesse algo aos homens. Mas não. Intelecto, ora bolas, se perder pelo labirinto do conhecimento, enquanto Marisa Monte existe, tem um pulso que ainda pulsa, se banha com flores aromáticas, dorme só de calcinha e toma suco natural todas as manhãs. Ah, meu amigo, vou me aposentar, largar essas noites solitárias na frente de um computador gelado que não canta, não tem cheiro, não me ama. Abandonar as páginas incertas e, se me aceitarem, tocar pandeiro com os Titãs.

# O inventor das borboletas

**Uma das maiores virtudes dos** homens e mulheres: quando eles se desprendem das suas certezas e convicções e passam a observar o mundo através dos olhos do outro, se sentir na pele do oposto, da sombra.

Como é bom quando um crítico, antes de escrever a sua resenha, imagina ser o autor da obra, pensa nas dificuldades pelas quais ele passou, nos alcances da sua ousadia, nos seus temores. É um exercício que todo jornalista, profissional que reporta a ação e omissão de terceiros, deveria fazer antes de iniciar uma pauta.

É o exercício que um pai deveria fazer, quando acorda o filho atrasado pra escola, e que o filho deveria fazer, quando vê o pai saindo apressado pro trabalho. Seria ideal se o homem se colocasse eventualmente na posição da mulher, e vice-versa, se o patrão se colocasse na posição do empregado, e vice-versa, se o dono se colocasse na posição do cão, e vice-versa, se o forte se colocasse na posição do fraco, e vice--versa, se o cliente se colocasse na posição do garçom, ou do caixa, ou do farmacêutico, ou do motorista e cobrador, e vice-versa. E se o réu se

Crônicas para ler na escola  **161**

colocasse no lugar da vítima, o eleitor, no do político, o soldado, no do alvo, o passageiro, no do piloto, o rico, no do pobre, o mesquinho, no do perdulário, o amante, no do amado, e vice-versa?

E se os jogadores se colocassem na posição do técnico, que se colocasse na posição dos dirigentes, que se colocassem na posição da torcida, que se colocasse na posição dos jogadores?

Napoleão, o general dos generais, ganhou muitas batalhas pensando como o inimigo. Nos conflitos da Guerra Fria, constantemente se perguntavam na Casa Branca o que fariam se estivessem no Kremlin. Foi assim que Kennedy entendeu o discurso provocativo de Krushev no Comitê Central do Partido Comunista, durante a Crise dos Mísseis em Cuba, e esperou pacientemente. Pensar com a cabeça do oposto traz serenidade, trégua, sabedoria e concórdia.

*Memórias Póstumas de Brás Cubas* é um extenso relato metafísico. Um narrador procura o sentido de tudo: entender o amor, como controlar as tentações, o que fazer da vida, para que servem o conhecimento e a ciência, para onde olhar, o tédio, o desinteresse... É com a morte que o relato começa. Com ela se dá sentido à vida? "Deixa lá Pascal dizer que o homem é um caniço pensante. Não, é uma errata pensante, isso sim. Cada estação da vida é uma edição, que corrige a anterior, e que será corrigida também, até a edição definitiva, que o editor dá de graça aos vermes."

Dentro do livro, várias fábulas que se bastam, como pequenos contos. Um quebra-cabeça é uma boa síntese. Ou seria um caracol? A mais intrigante: A Borboleta Preta.

Brás, entediado, passando um tempo na Tijuca, fora do Rio, recebeu do pai uma missão: ou se casa ou vira deputado. Mas ele conheceu a filha de dona Eusébia, Eugênia, uma tentação de 16 anos. No mesmo instante, uma borboleta preta esvoaçou entre eles, assustando-as. Mau presságio?

Ele decidiu voltar para a cidade. Enquanto se preparava para descer, entrou outra borboleta preta no seu quarto, tão negra como a anterior. Ele riu e se lembrou do susto que a menina tivera e da dignidade que soube conservar. A nova borboleta, depois de se esvoaçar muito em torno dele, pousou na sua testa. Ele a sacudiu, e ela foi pousar na vidraça. Sacudida de novo, foi parar em cima de um retrato velho do seu pai. Para Brás, o gesto de mesmo parada mover as asas parecia um desprezo. Ele pegou uma toalha e bateu nela. Não caiu morta de imediato. O corpo ainda torceu, e ela moveu as antenas da cabeça.

Brás incomodado se perguntou por que a mesma não era azul. A reflexão ("uma das mais profundas que se tem feito, desde a invenção das borboletas") o consolou.

Olhando o seu cadáver, imaginou-se na "pele" da mesma. Imaginou ser uma borboleta negra e modesta, sair do mato já almoçada e feliz, numa linda manhã, espairecendo suas borboletices sob o céu azul, passar pela sua janela, entrar e encontrá-lo. Nunca tinha visto um homem antes. Não sabia o que era um homem. Deu várias voltas em torno dele e viu que se movia, que tinha olhos, braços, pernas, um ar divino, uma estatura colossal. Então, pensou: "Deve ser o inventor das borboletas." Com medo, decidiu agradar seu criador e beijá-lo na testa. Foi enxotada, viu o retrato do pai do inventor das borboletas e voou para pedir-lhe misericórdia.

Brás se perguntou se teria sido melhor a mesma ter nascido azul. Se bem que, azul ou laranja, poderia ser atravessada por um alfinete, "para recreio dos olhos". Depois, foi visitar Eugênia. Descobriu que ela era manca. "Por que bonita, se coxa? Por que coxa, se bonita?"

Não faz muito sentido buscar o que Machado pretendia com a fábula. Nem ele está vivo para contar, nem ele talvez soubesse por que a escreveu. O que importa é a implicação dessa historinha na cabeça de cada leitor.

Na narrativa, ele está entre o tédio e a busca por alguma atividade que desse sentido à vida, casar-se ou ter uma ocupação, um cargo. No entanto, uma menina deficiente, bastante atraente, morando no campo, tira a sua concentração.

# Praça dos protestos vira palco de Tim Maia

1975. O jornalista Wladimir Herzog não resiste à tortura e morre nos porões do II Exército. Versão oficial: suicídio. A Igreja organiza uma missa de protesto na Catedral da Sé. Manifestações contra o regime eram proibidas. Mas como proibir uma missa? No entardecer, a polícia monta barreiras para congestionar a cidade e dificultar o acesso à catedral. A praça é cercada para intimidar os que chegam. Agentes do DOPS fotografam e filmam os presentes. Havia algo no ar: protesto.

1977. Universitários organizam uma passeata no centro da cidade para pedir o fim da ditadura e a anistia aos presos políticos. Erasmo Dias ameaça: "A polícia vai agir contra esses baderneiros." O governador Paulo Egídio, versão oficial, chama a imprensa e denuncia que os estudantes estão sendo manipulados por organizações "marxistas-leninistas". A passeata acontece. O confronto é inevitável. Pancadaria no largo São Francisco, no viaduto do Chá e na praça da Sé. A polícia inova. Bombas de fumaça amarela, verde e vermelha. Lembram uma viagem de ácido. Havia algo no ar: rebeldia.

1984. Mais de 300 mil pessoas na praça da Sé participam de um dos primeiros comícios das "Diretas-Já". No *Jornal Nacional*, versão oficial, um repórter entra ao vivo e, cínico, diz que aquelas pessoas comemoram o aniversário da cidade. Revoltada, a população passa a gritar: "O povo não é bobo, abaixo a Rede Globo!" Alguns carros da emissora são virados. Repórteres têm de esconder o logotipo da empresa. Havia algo no ar: futuro.

1991. Sábado. Vai atravessar a praça? Esconda o relógio e certifique-se de que a carteira está num lugar seguro. A polícia, agora, é aliada, fica ao seu lado. Algumas prostitutas, de 14 anos, se oferecem. Crentes pregam. Aleluia! Doentes por toda parte. Aleluia! Uma centena de desocupados. No espelho d'água, uma menina de 13 anos, moradora da praça, lava roupas. É linda, de olhos vivos. Muitos vão até ela e propõem uma rapidinha. Não. Ela tem de lavar a roupa do seu "marido", Tim Maia, uma gorda que frita a banha no sol.

Fim da tarde. Enquanto ela borrifa a roupa com um desodorante barato, Tim Maia se levanta e decide assaltar mais um. A versão oficial pede para limpar a praça, aumentar o policiamento, proibir os marreteiros; quer, na verdade, esconder aquilo no que o país se transformou. Tentei traçar um paralelo entre a praça de antes e a de depois. Deve haver uma relação de causa e efeito. Alguma coisa deu errado. Não há nada no ar.

# Paguei por brincar com o que não tem graça

Anteontem, em Maceió, cruzei com três meninos de rua que pareciam ter pressa; era noite, fim do expediente. Um deles caminhava com um bolo de dinheiro na mão, contando a féria do dia. Estendi a mão e brinquei: "Quanto dinheiro! Me dá um trocado?" O garoto me viu na cadeira de rodas, parou, puxou duas notas de dez e me deu.

Fui aconselhado, por amigos que trabalham com crianças de rua, a não dar esmolas. Dessa vez, devolvi as duas notas de dez, puxei a carteira e dei outras, pagando pela minha inconveniência, por brincar com o que não tem graça. Como se abaixasse a cabeça e pedisse desculpas, reconheci a grandeza do menino que, sem titubear, dividiu parte de seus ganhos com um desconhecido. Nele, um solidário ingênuo. Em mim, o quê?

Há um farol, aqui em São Paulo, no caminho para a TV Cultura, que demora para abrir. Talvez por isso, muitas crianças ganham uns trocados limpando os vidros dos carros. Tal operação pode arranhar o para-brisa, danificando-o para sempre. Muitos motoristas, grandalhões amedrontados, param a metros de distância, para evitar o contato com essas crianças. Algumas já me conhecem e sabem que não dou dinheiro, e que dirijo um carro diferente, com os controles nas mãos. Vivem me perguntando para que serve a manopla, no volante, que chama atenção, e chamam os amiguinhos, e deixo-os experimentarem, acelerarem, buzinarem, até o farol abrir. É tudo o que posso fazer.

Ontem, uma garota nova no pedaço. Lá veio ela com o rodinho ensopado. Parecia determinada. "Se limpar, não dou nada", avisei. "Não tem importância, tio, mas deixa eu limpar porque está sujo." Limpou. Só então realizei o quanto estava me incomodando tanta sujeira. Acabei agradecendo. Não pediu nenhum trocado. Apenas sorriu. Dei uma piscada pra ela. Ela me devolveu outra.

Duas horas depois, no mesmo farol, um burburinho. O trânsito parado, um carro com o para-brisa quebrado, um corpo no chão. Era a garota, morta. Fora atropelada. Seu vestidinho, que parecia um trapo, estava levantado, mostrando as perninhas ensanguentadas. Engoli em seco e pensei se ela estaria salva se eu tivesse dado o trocado. Passei a noite em claro, procurando um culpado. E existe. Nessa noite, me considerei pronto para pegar em armas.

# Linchem o ministro, boicotem o vestibular!

A educação de primeiro e segundo graus no Brasil é uma bosta! Perdão. Até que tentei encontrar um termo mais leve. Uma "droga" ou "porcaria" soariam imprecisos. A urgência pede uma palavra eloquente e definitiva. Como um sapo, enche-se a boca e solta-se um "bos", segurando o "s" pelo tempo que quiser, "sss", som de cascavel, até explodir num tapa, num cortante "ta". Tente comigo. Bossssta. Sentiu a diferença?

Aprende-se com precisão o valor de um mol, mas não se lê Flaubert. Uma lista vasta de nomes ignorados nas escolas: Homero, Platão, Heráclito, Cervantes, Shakespeare, Proust, D.H. Lawrence, Thomas, Mann; quem são esses caras? Aprendem-se as etapas da divisão de uma célula, mas não se tem ideia de quem foi Orson Welles, Fellini, Antonioni, Glauber Rocha, Elia Kazan. O Brasil foi descoberto por Cabral, em 1500. Os milhões de índios que aqui viviam, suas nações, troncos linguísticos, mitos e cultura não existem.

"Antes dos portugueses descobrirem o Brasil, o Brasil tinha descoberto a felicidade", escreveu Oswald de Andrade no "Manifesto

Antropológico". Acredita-se, ainda, que a ciência salvará o homem, mais que isso, que a ciência é a única herança divina, e que todo o resto é futilidade. Química, física, biologia, horas, dias, anos; decorebas. O homem quer se separar do macaco, livrar-se do elo, ser único; macacos não fazem ciência.

Nelson Rodrigues não cai no vestibular. Muito menos Noel Rosa, Lupicínio Rodrigues, Torquato Neto, Caetano Veloso. Poetas? Apenas os que escreveram em língua portuguesa. E Borges, Baudelaire, Rimbaud, Maiakovski? Nietzsche é palavrão. A verdade está nos teoremas de Tales e Pitágoras e na equação de segundo grau. Os fatos históricos resumem-se a guerras, invasões, complôs, revoluções, golpes e descobertas.

Desprezam-se os movimentos culturais que transformaram uma época. E como se não bastasse, a Secretaria Municipal de Educação autorizou e vai financiar projetos de implantação de ensino religioso nas escolas públicas de SP. Que religião? Candomblé? Umbanda? A dos ianomâmi? Tupi? Budista? Santo Daime? O que é isso, compromisso de campanha? Apoiado por comunidades eclesiais, o PT se vê obrigado (ou chantageado) a abrir escola para a Igreja. Ou é uma homenagem à visita do papa?

Estudantes, uni-vos! Ponham fogo nas escolas, boicotem o vestibular, façam uma revolução. Vão para as ruas e enfrentem os tanques. Cobrem uma reforma do currículo. Exijam laboratórios de cinema, fotografia, dança e música. No Japão, 35% do orçamento vai para educação e cultura. Derrubem as portas do MEC, e linchem o ministro. Tomem o poder. Salvem o país da merda!

# Vamos cobrar impostos de quem produz drogas

Os mais exaltados chegaram a exigir o afastamento dos tradicionais baleiros das portas dos colégios. O fantasma acordou. O diabo quebra o asfalto e quer liberdade. O mito do pipoqueiro traficante tornou-se real; balinhas envenenadas; chicletes envenenados. Pânico! Cadernos, canetas, giz, lancheiras... Cuidado, há ratos de Medelin escondidos nos bancos escolares. Envenenam nossos filhos! E a mídia, sórdida, que sobrevive à custa do medo iminente, dá de comer aos fantasmas, e as drogas passam a aterrorizar o meio familiar. Alarme fácil. Não passou de uma sabotagem industrial. E a cocaína encontrada nas balas não fazia efeito nem numa barata.

Usar drogas é um costume secular. Ópio, maconha, heroína, cocaína, ecstasy, ácido lisérgico, cogumelo, haxixe estão liberados há muito: quem quer, encontra drogas flutuando em latas, nas plantações de Pernambuco, nos morros e, agora, nas balinhas de cereja. Mas o mercado é criminalizado; produção e comércio estão proibidos. E os outros filhos, usuários, se envenenam com drogas misturadas, convivem com grandes bandidos, correm riscos, transformam-se em elos da corrente da corrupção policial. A proibição inibe? Transgredir não aumenta o barato? As restrições ao uso de drogas não funcionam no sentido inverso, cristalizando o seu prazer? Eram usadas em ritos tribais. Os ritos atuais são outros. Fuga, sim. Frustração. Que se combatam o tédio e a miséria! Que se proíba a ilusão!

Se liberarem as drogas, o fantasma ganha corpo, e torna-se mais fácil combatê-lo. Que cobrem impostos dos produtores e, com o dinheiro, tirem as crianças das ruas. O usuário saberia em que balcão de farmácia encontrar, sem precisar atravessar os morros sob a mira de metralhadoras. E que se crie um senso de responsabilidade, como há para a bebida: ninguém, em bom juízo, vai trabalhar bêbado; menores de 18 anos não podem comprar bebida; e, para os exageros, alcoólatras, clínicas especializadas.

Já cutuquei o fantasma aqui, nesta coluna. A reação de alguns leitores teens beirou a histeria; tão jovens, tão preconceituosos. Carla Cristina, de Penápolis, chegou a dizer que "a droga é usada para domínio imperialista". Ana Maria, de São José do Rio Preto, disse que "os jovens consomem drogas por preguiça", e pôs a culpa na TV. Cartas me xingaram. Um leitor duvidou do meu "talento". Está bem. Não toco mais no assunto, e alimentem o fantasma. Matem os pipoqueiros. Assustem as crianças. Que reine a hipocrisia. Falemos de... futilidades.

# Fãs nº 1 não batem bem da cabeça

No filme *Misery* (*Louca obsessão*), baseado numa novela de Stephen King, um escritor de best-seller é aprisionado por uma enfermeira que se denomina "a fã nº 1". O escritor, autor de uma série que retrata a vida de Misery, não suporta mais sua personagem de maior sucesso e decide dar cabo dela. Escreve um livro em que Misery morre. A enfermeira, revoltada, obriga o autor a escrever um livro em que a personagem ressuscite.

Está na cara que Paul Sheldon, personagem-escritor, é Stephen King, autor de best-sellers, atormentado por assustadores fãs nº 1; existem, e são tantos... E não é um privilégio só de escritores: qualquer um que tenha o retrato publicado em jornal, ou tenha habilidades que um cidadão comum não tem, ganha de presente fãs nº 1.

Alguém que se denomina fã nº 1 não deve medir bem da cabeça. É uma tremenda pretensão e falta de modéstia se achar o nº 1. Imprevisível, obcecado, geralmente é um leitor solitário que adquire uma intimidade ilusória com o autor e personagem. É ingênuo em acreditar nas tramoias célebres que se usam para enganar, envolver e confundir o leitor. Só a mãe, ou a avó, ou a mulher, ou a filha, ou a amante têm o direito de ocupar o nº 1. Resta o nº 2 pra lá...

Literatura é mentira, é imitação; uma representação do real. Mas, para um nº 1, os personagens povoam sua retina e rotina. Identifica-se com alguém que nunca existiu. Já escrevi sobre isso: paguei meu preço quando matei Mário, personagem de *Blecaute*. Muitos leitores me ligaram no meio da noite, provavelmente no momento em que leram a morte, para me xingar; Mário, ambíguo, destruidor e frágil, um amigo perdido, cujo estatuto desperta empatia, tinha de morrer, sabe-se lá por quê, e ponto final.

Houve um travesti que me ligava de Santos, às quatro da manhã. Estava lendo *Ua:brari*. Me ligava para comentar a trama. Se eu desligasse, ele tornava a ligar e me acusava de ter preconceito contra homossexuais. Se aproximava do final do livro. Estava apaixonado por Zaldo, personagem. Mas Zaldo iria morrer; não deu outra. Durante um mês, tirei o telefone do gancho. Saía de casa tenso, imaginando que o leitor estaria na esquina, me esperando para vingar a morte de Zaldo. Nunca mais ligou; que Deus o tenha.

Essas mortes são minha responsabilidade, aliás, do enredo que, aliás, sou eu que escrevo? Não. São de alguém que vive em mim, e que só conheço quando leio o que escrevo. A psicanálise dá um nome para este alguém: inconsciente. Guimarães Rosa deu outro nome: diabo.

Tive uma terapeuta que provou, por "á" mais "bê", o Édipo que existe no que escrevo. *Blecaute* é uma bandeira. Nenhum crítico jamais percebeu. Eu, menos ainda. O tripé Mário, Rindu e Martina é o tripé pai, filho e mãe. O pai, Mário, morre no final. E os leitores tentaram me fazer sentir responsável por um homicídio que não cometi. Foi o DOI-CODI que matou o pai, Mário, em 1971; seu corpo, assim como o de Mário, nunca foi encontrado. Hum...

# O mundo desconhece os homens do sertão

É tão fácil enganar a mídia. Quando você ler que um artista brasileiro faz sucesso no exterior, não acredite; o boi ronca. Lá fora, somos uma massa anônima que, até há pouco tempo, se envergonhava de não poder sacar um cartão de crédito internacional. Na música, alguns fazem sucesso. Na literatura, Jorge Amado é conhecido, Márcio de Souza tem um público cativo e Machado de Assis tira o fôlego de alguns fãs; Warren Beatty é um deles. No mais... Enganei muito jornalista com três fotos que tenho abraçado a um prêmio Nobel, a um Oscar e a um Pulitzer. Hoje, confesso: pura armação.

1. Prêmio Nobel. Eu, Paulo Betti e uma atriz cubana (que eu não me lembro o nome) conversávamos amenidades latinas num parque, em Havana, quando vimos Gabriel García Márquez passar. Fomos atrás. "Gabo, espere por nós..." Nos apresentamos. Ele parou. Só parou para examinar de perto a atriz, morena charmosa que lhe deu toda a atenção.

Não me lembro de ter trocado uma palavra com o escritor colombiano. Tanto eu quanto Betti estávamos mais preocupados em registrar o fato para a posteridade, isto é, tirar uma foto. Demos a câmera para um pedestre e fizemos a pose: eu, abraçado ao Betti, abraçado ao Gabo, olhando encantado para a atriz, abraçada a ninguém. Olhando a foto, qualquer jornalista diria que sou íntimo do escritor. A atriz sim, já que foi passear com Gabo, enquanto eu e Betti corremos para revelar tal preciosidade.

2. Oscar. Eu estava numa livraria, em Roma, autografando *Felice Anno Vecchio*, como o nome bem diz, tradução do meu afamado livro. Devo ter dado, no máximo, cinco autógrafos, quando entrou por acaso, na livraria, Bernardo Bertolucci. Minha tradutora ficou histérica. Eu, pra falar a verdade, não o reconheci. Pobre coitado. Tirou fotos com meus cinco leitores, com o staff da editora e, lógico, comigo. Teve, ainda, de comprar um exemplar da minha obra, no qual autografei "*Un abraccio*". Trocamos palavras. Me perguntou como andavam seus amigos do Cinema Novo. "Adeptos do roteiro", respondi. Ele riu. Disse que também aderira ao roteiro, e se foi. Na foto, parecemos íntimos.

3. Pulitzer. Nem sei se Tom Wolf ganhou o Pulitzer; pelo menos mereceu. Estávamos em Frankfurt, na feira do livro. Eu, num hotel de quinta, há três meses longe de casa, sem dinheiro. Ele, no hotel de luxo. Nos encontramos no segundo, onde editores brasileiros me convidaram para um drinque. Alguém nos apresentou. Meu editor tirou a foto. Ele, um dândi. Eu, de tênis, com a roupa amassada, o terno rasgado, barba por fazer, rindo como uma besta do branco de sua roupa. "Estou lendo seu livro, não é uma coincidência?", perguntei. Parei de rir e me lembrei que muitos, no Brasil, falam o mesmo quando me encontram, e que nunca acredito. Brasil. Tão longe; uma incógnita. "O sertão é o mundo", mas o mundo desconhece o sertão.

# Às vezes o melhor é ficar no alambrado

Eu estudei num colégio que incentivava a competição. Mensalmente, as notas de todos os alunos eram afixadas num mural, tornando público o fracasso de cada um. Faziam-se comparações. Elogiavam-se os mais fortes, desprezavam-se os fracos.

Uma vez por ano, os alunos competiam numa espécie de Olimpíada esportiva, que reservava medalhinhas para os bons. Nunca as ganhei. Até que tentei. Mas percebi que meu lugar era no alambrado, aplaudindo. Lógico que isso me frustrava; o sucesso com as mulheres era diretamente proporcional ao número de medalhas conquistadas.

Como escritor, ganhei meus primeiros prêmios. Alguns, merecidos. Outros, exagero de quem me premiou. Recentemente fui convidado para entregar um prêmio aos alunos escritores da USP. Alguma coisa mudou. De premiado, passei a premiar; envelheço, caro teen. Li, em voz alta, na solenidade de entrega, a saga de um premiado.

Primeiro degrau. Um jovem escritor, incendiário, disposto a tudo, usa a intuição e escreve um livro num fôlego só, relatando com sinceridade sua desgraça. Surpreende-se com o bom resultado do livro. É premiado como autor revelação. Na entrega, diz que é o dia mais feliz da sua vida. Cita Don Leavy: "Escrever é transformar os seus piores momentos em dinheiro."

Segundo degrau. É uma celebridade. A imprensa o procura, pedindo sua juvenil opinião a respeito dos mais variados assuntos. Está na hora de provar a que veio, se é um talento ou fruto do acaso. Escreve sobre alcoolismo. Ganha outro prêmio. Na entrega, diz que os prêmios não significam nada. E cita Gore Vidal: "Não basta ser bem-sucedido. Os outros têm que fracassar."

Terceiro degrau. O sucesso o entedia. Passa a não receber a imprensa e a andar com poetas concretos. Escreve sobre o suicídio. É premiado. Despreza. Não vai na entrega porque diz que tem mais o que fazer. E não cita ninguém, preferindo a si mesmo.

Quarto degrau. É indicado para o prêmio mas não leva. Premiam o novo talento que surge. Ele fica um pouco preocupado.

Quinto. Não é nem indicado. Ele começa a achar que há um complô contra si.

Sexto. Cai no esquecimento. Começa a beber. Sua vida se transforma numa desgraça.

Sétimo. Após se suicidar, o prêmio passa a ter o seu nome. Na premiação, vira nome de escola pública.

Há casos em que é melhor não receber prêmios e continuar aplaudindo do alambrado.

# Amazônia, tucunarés e literatura

Costumo aceitar qualquer tipo de convite para participar de uma feira de livro de uma cidade da Amazônia. No início, ia por curiosidade e por uma neurótica obsessão de querer conhecer tudo e todos. Já passei por Paraopeba, Carajás, Altamira, São Félix do Xingu, Tucuruí, entre outras. Cheguei a escrever para a *Folha,* há mais de dois anos, sobre o encontro dos índios de Altamira, na condição de um suposto "especialista". Lógico que tantas viagens acabaram resultando num livro: *Ua:brari.*

Sou doente pela Amazônia. Consumidor voraz de tucunarés, filhotes, cupuaçus etc. É o cenário ideal para grandes épicos. Extremo, o povo mais primitivo das Américas convive com as rotas dos vícios modernos: da cocaína aos computadores. A natureza luta em pé de igualdade com o homem. Ganhou das empreiteiras, erodindo a Transamazônica e a Perimetral Norte. Perdeu feio dos garimpeiros e dos projetos das mineradoras. Uma pena que a mídia brasileira tenha transformado o tema em suco. A floresta merecia mais respeito. Paciência.

Quando chegou o convite para participar da IV Feira de Livros de Marabá, nem hesitei. Fui correndo, mesmo ciente de que nove pessoas ouviram falar de mim nesse fim de mundo, e que dessas nove, seis, no máximo, leram meus livros; por vezes, tenho este ataque de humildade e vou ao encontro de leitores que não me conhecem, o que sugere meu fracasso profissional.

Sentei-me numa mesa, rodeado de livros, disposto a autografar minha "vasta obra", mesmo sabendo que ninguém apareceria. Mentira. Meus seis leitores estavam a postos, me esperando no galpão da feira. Dei os autógrafos lentamente, para que os visitantes vissem a fila e se interessassem. Torci para que meus leitores não desaparecessem. Puxei assunto. Contei piadas. Inúteis. Assim que eu assinava, sumiam. Não demorou muito, fiquei jogado no canto, a sós, cercado pela minha "obra". Muitos pensavam que eu fazia parte da organização ou que eu pertencia ao balcão de informações. Me perguntavam onde era o banheiro, onde estava exposto o livro do "fulano de tal". Eu apontava para um lugar qualquer: "É lá!" Outros me perguntavam o preço do livro do "sicrano de tal". Eu respondia qualquer preço. Já houve uma época em que eu me dedicava às complexas leis do mercado literário e, como um bom vendedor, respondia: "Não sei onde está o livro do 'fulano', mas sei onde está o do grande escritor Marcelo Paiva." "Ele é bom?", me perguntavam. "Lógico." E fazia uma centena de elogios literários ao dito autor, analisando o foco narrativo, personagens esféricos etc. Hoje, não tenho mais saco para esse tipo de coisa; talvez por isso, empobreço vertiginosamente.

# Hora da sobremesa

**Estou ainda em Marabá, participando** da IV Feira de Livros. Tiram fotos. Costumo ser muito simpático em fotos. Repetem as fotos. Quando repetem, já não estou tão simpático. Meus leitores vão embora. Olho o relógio. Tenho ainda meia hora.

De volta à solidão, ela vem devagar, passos candentes, aproxima-se, e não pede autógrafo, fotos, nada. Entra sem ser convidada, a conhecida depressão. Abaixo a cabeça e tenho vontade de queimar tudo, de ter um ataque fulminante, de virar a mesa, gritar: "Para que serve esta merda toda, a tal literatura?! Vão embora!" Escreve-se para quem? Para alguém. Mas escreve-se para alguém ou para um só? Sempre me perguntam: "Você, quando escreve, pensa no público?" Não sei responder. Não sei por que escrevo. E daí que escrevo, grande coisa. Ninguém pergunta: "Você faz este macarrão pensando no seu público?" Escrevi, e minha vida mudou? Pari, e nasceu o quê? Por que gastar anos, suor, para isso?

Alguém me chama. Levanto a cabeça. Um repórter de rádio. Visto o disfarce, guardo a depressão no bolso e sorrio. "Marcelo, você me fez perder um jantar." Jantar?! Será que o conheço e o deixei esperando em algum restaurante? Dei algum cano nele? Ante as minhas dúvidas, ele logo esclarece: "Fiquei lendo o seu livro e o jantar queimou." Ah, um leitor estilo íntimo. Ri bem efusivamente para ser simpático. Ah, ah, ah... Que gracinha. Aponta para o livro *Feliz Ano Velho* e diz: "Assisti ao seriado." Seriado?! Que seriado?! Virou filme, peça, camiseta, *audiobook*, bóton, anúncio de computador. Mas seriado?! Minha vida não vale tanto.

Me pergunto por que comecei a escrever, por que publiquei um livro e por que não fiquei quieto, no meu canto. Passo a invejar Salinger, autor de *O Apanhador no Campo de Centeio,* que não dá entrevistas, não se deixa ser fotografado e mora numa montanha, aposentado, depois de ter escrito quatro livros. Passa o dia cortando lenha e nunca mais escreveu.

Leitores invasores; querem me retalhar! Consumam, consumam, consumam. "Vai ficar até quando?" "Você é de São Paulo?" "Te vi na televisão." "Você, você, você, me dá um autógrafo, me dá uma foto, me dá um sorriso, me dá!"

Vou-me embora com a minha tiete dessas horas: a depressão. Recito o meu mantra preferido: "Eu vou parar, um dia paro, eu vou parar..."

# Ser deficiente é privilégio de ser diferente

**Uma cena usual no dia** a dia de um "parampa" (que é como os paraplégicos paulistas se denominam, melhorzinho que o metálico "chumbado", termo preferido pelos cariocas): num estacionamento, esperando o manobrista número um trazer o carro, se aproxima o manobrista número dois, olha minha cadeira de rodas, o horizonte, e pergunta na lata: "Foi acidente?" Olho rápido para a rua e devolvo: "Onde? Algum ferido? Melhor chamar uma ambulância! Vocês têm telefone?"

Outra cena: numa fila de espera, se aproxima um sujeito, aponta a cadeira de rodas e diz: "É duro, né?" Minha resposta: "Não, é até confortável. Quer experimentar?" Mais uma: uma criança brincando pelos corredores de um shopping me vê na cadeira e pergunta: "Por que você está na cadeira de rodas?" Devolvo: "Porque eu quero. E você, por que não está na sua?" Já vi crianças me apontando e dizendo para os pais: "Quero uma igual àquela!" Quando o pai vem se desculpar (e não sei por quê, vêm sempre se desculpar), eu logo interrompo: "Compre logo uma para ele." Sem contar os incontáveis comentários tipo "Tem que se conformar", "O que se pode fazer?", "A vida tem dessas coisas..."

Peculiar curiosidade essa de saber se um paraplégico é um acidentado ou "de nascença". À beira da piscina de um hotel, lá vem o hóspede. Para ao meu lado e solta um "Foi acidente?". Antes que eu exibisse minha grosseria e impaciência, ele foi avisando: "Sou ortopedista. Costumo operar casos como o seu. Aqui na região, há muitos motoqueiros que se acidentam..." Entramos numa conversa técnica que até poderia render se ele não dissesse, me olhando nos olhos: "Jesus cura isso aí." Antes que eu perguntasse o endereço do consultório desse Jesus, ele continuou: "Você pode não acreditar, mas já o vi curando muitos iguais a você." "Eu não quero ser curado. Eu estou bem assim" costuma ser minha resposta que, se não me engano, é verdadeira.

Aliás, Paulo Roberto, paraplégico, professor de filosofia de Brasília, anunciou seu novo enunciado: "Nós não devemos ser curados. Seria um trauma maior que o próprio acidente. Não conseguiríamos reconstruir uma terceira identidade. Não saberíamos administrar nossa falta de diferença. O homem cultural, diferente do homem natural, é aquele que constrói a si próprio, pelo respeito ao que se possa ter de igual e de diferente." Foi minha última e definitiva revelação nesses 13 anos de paraplegia. Se alguém me ouvisse, um dia, nas ruas do centro, dizendo a mim mesmo "Que sorte ter ficado paraplégico", não acreditaria. Mas eu disse: "Conheço um mundo que poucos conhecem. Sou diferente. Sou um privilegiado."

1ª EDIÇÃO [2011] 3 reimpressões

ESTA OBRA FOI COMPOSTA PELA ABREU'S SYSTEM EM ADOBE GARAMOND
E IMPRESSA EM OFSETE PELA LIS GRÁFICA SOBRE PAPEL ALTA ALVURA DA
SUZANO PAPEL E CELULOSE PARA A EDITORA SCHWARCZ EM DEZEMBRO DE 2016

A marca FSC® é a garantia de que a madeira utilizada na fabricação do papel deste livro provém de florestas que foram gerenciadas de maneira ambientalmente correta, socialmente justa e economicamente viável, além de outras fontes de origem controlada.